ARTI I GA KOREANO-AMERIKAN

100 RECETA TRADICIONALE KOREANE ME NJË PREKJE MODERNE AMERIKANE

Denada Shima

Të gjitha të drejtat e rezervuara.
Mohim përgjegjësie

Informacioni i përmbajtur në këtë eBook synon të shërbejë si një koleksion gjithëpërfshirës i strategjive të eksploruara nga autori i këtij libri elektronik. Përmbledhjet, strategjitë, këshillat dhe truket janë vetëm rekomandime të autorit dhe leximi i këtij libri elektronik nuk garanton që rezultatet tuaja do të pasqyrojnë me saktësi gjetjet e autorit. Autori i librit elektronik ka bërë çdo përpjekje të arsyeshme për të ofruar informacion aktual dhe të saktë për lexuesit e librit elektronik. Autori dhe kontribuesit e tij nuk do të mbajnë përgjegjësi për ndonjë gabim ose lëshim të paqëllimshëm që mund të gjendet. Materiali në eBook mund të përmbajë informacion nga palë të treta. Materialet e Palëve të Treta përmbajnë opinione të shprehura nga pronarët e tyre.

Ebook është e autorit © 2024 me të gjitha të drejtat e rezervuara. Është e paligjshme rishpërndarja, kopjimi ose krijimi i veprave të prejardhura nga ky eBook tërësisht ose pjesërisht. Asnjë pjesë e këtij raporti nuk mund të riprodhohet ose rishpërndahet në asnjë formë pa lejen e shprehur dhe të nënshkruar me shkrim të autorit.

TABELA E PËRMBAJTJES

TABELA E PËRMBAJTJES..3

HYRJE...8

SUPAT..9

   1. Supë me gjizë me fasule koreano-amerikane...10

   2. Supë koreano-amerikane me alga deti...12

   Koha e përgatitjes: 15 minuta..13

   3. Supë me oriz me karkaleca...14

   Koha e përgatitjes: 120 minuta..15

   4. Supë me merluc të thatë...16

   5. Supë me gjoks viçi dhe bisht...19

   Koha e përgatitjes: 120 minuta..20

   6. Supë me filiz soje..21

   7. Supë me pulë dhe xhensen..23

   Koha e përgatitjes: 20 minuta..24

   8. Supë me petë me oriz dhe viç..25

   Koha e përgatitjes: 30 minuta..26

   9. Supë me petë me thikë koreano-amerikane..27

   10. Supë me qafë derri...29

   Koha e përgatitjes: 120 minuta..30

KURS KRYESOR..**32**

   11. Gyeranbap me alga deti të pjekura...33

   12. Mish viçi Bulgogi...35

   13. Brinjë të shkurtra BBQ koreano-amerikane..37

   Koha e përgatitjes: 15 minuta..38

   14. Pulë koreano-amerikane..39

   Koha e përgatitjes: 45 minuta..40

   15. Biftek koreano-amerikan..41

   16. Chap Chee Noodles..43

17. Mish derri i marinuar me erëza koreano-amerikane................................46
Koha e përgatitjes: 45 minuta...47
18. Biftek i marinuar nga krahët koreano-amerikan....................................48
Koha e përgatitjes: 15 minuta...49
19. Copat e ëmbla të qengjit të pjekur në skarë me erëza..........................50
Koha e përgatitjes: 15 minuta...51
20. Kofshët e pjekura të pulës koreano-amerikane....................................52
Koha e përgatitjes: 10 minuta...53
21. Pulë dhe patate pikante koreano-amerikane.......................................54
Koha e përgatitjes: 15 minuta...55

PETË...56

22. Sallatë me petë me fasule mung..57
Koha e përgatitjes: 15 minuta...58
23. Vermiçeli me patate të ëmbël dhe mish viçi Stir Fry............................60
Koha e përgatitjes: 15 minuta...61
24. Petë pikante të ftohta...63
Koha e përgatitjes: 15 minuta...64
25. Petë me salcë fasule të zezë...65
Koha e përgatitjes: 30 minuta...66
26. Tas me petë pule koreano-amerikane...68
Koha e përgatitjes: 30 minuta...69
27. Petë pikante me vezë dhe kastravec...71
Koha e përgatitjes: 10 minuta...72
28. Petë të ftohta koreano-amerikane..73
Koha e përgatitjes: 15 minuta...74
29. Sallatë pikante koreano-amerikane me kërmilli..................................75
Koha e përgatitjes: 20 minuta...76
30. Petë pikante Soba..78
Koha e përgatitjes: minuta..79
31. Petë koreano-amerikane me perime...81
Koha e përgatitjes: 15 minuta...82

USHQIMI DHE SNACKS NË RRUGË 82

32. Hotteok me perime dhe petë 83
Koha e përgatitjes: 30 minuta 84
33. Bukë me vezë 86
Koha e përgatitjes: 10 minuta 87
34. Tortë me oriz të nxehtë dhe pikante 88
Koha e përgatitjes: 10 minuta 89
35. Petulla koreano-amerikane me ushqim deti 90
Koha e përgatitjes: 15 minuta 91
36. Sanduiç Vegan Bulgogi 93
Koha e përgatitjes: 20 minuta 94
37. Tortë me proshutë dhe vezë koreano-amerikane 96
Koha e përgatitjes: 25 minuta 97
38. Oriz Curry Koreano-Amerikane 99
Koha e përgatitjes: 20 minuta 100
39. Roll me vezë Zebra 101
Koha e përgatitjes: minuta 102
40. Ëmbëlsira me arrat e sipërme koreano-amerikane me sobë 103
41. Sanduiç me dolli në rrugë 105
Koha e përgatitjes: 15 minuta 106
42. Perime të skuqura thellë 108
Koha e përgatitjes: minuta 109

DESERTA 111

43. Petulla të ëmbla koreano-amerikane 112
Koha e përgatitjes: 25 minuta 113
44. Dardha të pjekura me mjaltë koreano-amerikane 115
45. Sorbet i akullit të qumështit koreano-amerikan 117
Koha e përgatitjes: 3 minuta 118
46. Skewers Koreano-Amerikane Oriz Torte 119
47. Tortë me role koreano-amerikane me kivi me luleshtrydhe 121
48. Ëmbëlsirë koreano-amerikane Yakwa 124

Koha e përgatitjes: 25 minuta...125

49. Puding tapioke koreano-amerikane...................................127

Koha e përgatitjes: minuta...128

50. Tortë me oriz me erëza koreano-amerikane.......................129

51. Dardha të pjekura në Crisps Wonton dhe Mjaltë, Mascarpone kanellë.........131

Koha e përgatitjes: 20 minuta..132

52. Tortë e shëndetshme e ëmbël me oriz................................133

DREKE E Ngrohte..**135**

53. Tasat me burrito me pulë...136

54. Pule tikka masala..139

55. Tasat greke të pulës..142

56. Kupat e mishit të viçit për gatimin e vakteve koreano-amerikane.......145

57. Kavanoz Mason pule dhe supë ramen................................148

58. Mason jar bolognese..151

59. Lazanja me kavanoz mason...154

60. Miso supë detoksike me xhenxhefil..................................157

61. Patate të ëmbla të mbushura..159

62. Patate të mbushura me pulë koreano-amerikane............161

63. Patate të mbushura me lakër jeshile dhe spec të kuq.....163

64. Patate të mbushura me pulë mustardë............................165

65. Fasule të zeza dhe patate të mbushura Pico de Gallo.....167

66. Petë kungull i njomë me qofte gjeldeti............................170

67. Qofte të lehta...173

68. 3-Supë me përbërës..175

69. Salsa me tenxhere të ngadaltë Turqia...............................177

70. Burrito-Bowl-In-A-Jar...179

DREKA E FTOHTË..**181**

71. Tasat për përgatitjen e vakteve të Carnitas......................182

72. Sallatë me hot dog të Çikagos...185

73. Tas taco peshku...188

74. Korr sallatë kalli...191

75. Sallatë me lulelakër bualli..194

76. Mason jar panxhar dhe lakër brukselit tas grurit....................197

77. Sallatë me brokoli kavanoz Mason..200

78. Sallatë pule me kavanoz Mason..202

79. Kavanoz Mason Sallatë pule kineze.......................................204

80. Sallatë Niçoise kavanoz Mason...206

81. Tasa pikante me ton...209

82. Sallatë me biftek..212

83. Tasa ushqyese me patate të ëmbla.......................................215

84. Tasa buda me pulë tajlandeze..217

85. Mbulesa pule me kikirikë tajlandeze.....................................220

86. Rrota me spinaq gjeldeti..223

87. Sallatë taco me gjeldeti...225

88. Sallatë kavanoz shumë jeshile...227

89. Kungull i njomë kungull i njomë..229

SALATATË..**231**

90. Perime djegëse-lime..232

91. Makarona limoni me brokoli dhe kungull i njomë..................235

92. Patëllxhan, patate dhe qiqra..237

93. Salcë lakër jeshile dhe kremoze...240

94. Bruksel, karrota dhe zarzavate...242

95. Brokoli Fry lulelakër..244

96. Pasta me shparg dhe kungull i njomë...................................246

97. Domate të mbushura me perime..248

98. Ratatouille patëllxhani...250

99. Kërpudha & spinaq..252

100. Piper i zi Spinaq agrume..254

PËRFUNDIM...**256**

HYRJE

Ushqimi është më shumë se thjesht ushqim - është një urë lidhëse midis kulturave, një tregimtar i traditave dhe një festë e identitetit. Ky libër gatimi është një udhëtim nëpër shijet e gjalla të kuzhinës koreane, të mbushura me dashuri me thelbin ngushëllues të gatimit amerikan.

Si një koreano-amerikane, jam rritur duke lundruar në dy botë: njëra e rrënjosur në trashëgiminë e pasur të Koresë, me erëzat e saj të guximshme, thesaret e fermentuara dhe pjatat shpirtërore, dhe tjetra e formuar nga kultura ushqimore e larmishme dhe novatore e Amerikës. . Ky libër i bashkon këto dy botë, duke ofruar receta që nderojnë traditën duke përqafuar krijimtarinë moderne.

Brenda, do të gjeni pjata që pasqyrojnë këtë shkrirje të bukur - prodhime klasike koreane të riimagjinuara me një kthesë amerikane dhe të preferuarat amerikane të ngritura me një prekje të shijes koreane. Nga hamburgerët e frymëzuar nga bulgogi te kimchi mac dhe djathi, çdo recetë është krijuar për të qenë e arritshme, por autentike, duke përzier më të mirat e të dy peizazheve të kuzhinës.

Pavarësisht nëse jeni duke rizbuluar trashëgiminë tuaj, duke eksploruar shijet koreane për herë të parë, ose thjesht kërkoni të zgjeroni horizontet tuaja të kuzhinës, ky libër gatimi është për ju. Le të futemi në kuzhinë dhe të krijojmë diçka të shijshme që na lidh, një pjatë në një kohë

SUPAT

1. <u>Supë me gjizë me fasule koreano-amerikane</u>

Koha e përgatitjes: 15 minuta
Koha e gatimit: 20 minuta
Shërbimet: 4 persona

PËRBËRËSIT
- 1 lugë gjelle pastë hudhre
- 3 ½ gota ujë
- ½ lugë gjelle kokrriza dashi
- 3 lugë pastë gjizë me fasule koreano-amerikane
- 1 kungull i njomë, i prerë në kubikë
- ¼ kile kërpudha të freskëta, të prera në katër pjesë
- 1/ lugë gjelle pastë spec djegës koreano-amerikan
- 1 patate e qëruar dhe e prerë në kubikë
- 1 - paketë tofu e butë 12 ons, e prerë në feta
- 1 qepë e prerë në kubikë

DREJTIMET
a) Shtoni ujin në një tigan të madh, shtoni hudhrën, specin djegës dhe pastat e gjizës.
b) Ngroheni derisa të vlojë dhe vazhdoni të ziejë për 2 minuta për të ndihmuar në tretjen e pastave.
c) Më pas, shtoni patatet, qepët, kungull i njomë dhe kërpudhat, i trazoni së bashku dhe i vendosni të ziejnë për 6 minuta të tjera.
d) Në fund shtoni tofu-n, pasi të jetë rritur në madhësi dhe perimet të jenë të buta, shërbejeni në tas dhe shijojeni.

2. <u>Supë koreano-amerikane me alga deti</u>

Koha e përgatitjes: 15 minuta
Koha e gatimit: 30 minuta
Shërbimet: 4 persona

PËRBËRËSIT
- 2 lugë çaji vaj susami
- 1-1 ons paketë alga deti kafe të thara
- 1 ½ lugë salcë soje
- ¼ kile fileto viçi, e grirë
- 6 gota ujë
- 1 lugë çaji kripë
- 1 lugë çaji hudhër të grirë

DREJTIMET
a) Vendosni algat e detit në një enë me ujë dhe mbulojeni, lëreni të njomet derisa të bëhet e butë, më pas priteni në copa 2 inç të gjata.
b) Vendosim një tigan që të ngrohet, më pas vendosim vajin, kripën sipas shijes, mishin e viçit dhe ½ lugë gjelle salcë soje, i përziejmë së bashku duke i trazuar për 1 minutë.
c) Më pas përzieni algat e detit me pjesën tjetër të salcës së sojës, gatuajeni edhe për 1 minutë të tjera.
d) Tani shtoni 2 gota ujë dhe ngrohni derisa të fillojë të vlojë.
e) Hidhni hudhrën me pjesën tjetër të ujit, pasi të vlojë përsëri, ulni zjarrin dhe ziejini në temperaturë të ulët për 20 minuta.
f) Korrigjoni erëzat dhe shërbejeni.

3. <u>Supë me oriz me karkaleca</u>

Koha e përgatitjes: 120 minuta
Koha e gatimit: 32 minuta
Shërbimet: 3 persona

PËRBËRËSIT
- 1 lugë gjelle vaj susami
- 2 gota oriz të bardhë
- 1 lugë gjelle verë orizi
- Karkaleca 9 ounce, të granatuara dhe të deveinuara
- 12 gota ujë
- Erëza për shije

DREJTIMET
a) Merrni orizin dhe shpëlajeni, vendoseni anash për 120 minuta.
b) Shtoni vajin në një tigan dhe ngrohni, sapo të nxehet hidhni karkalecat me verën e orizit dhe ziejini për një minutë, më pas shtoni orizin përzieni dhe skuqeni edhe për 1 minutë.
c) Vendoseni ujin dhe ngroheni derisa të vlojë, pasi orizi të jetë zgjeruar në 3 herë më shumë, ulni zjarrin.
d) Gatuani edhe 10 minuta të tjera.
e) Korrigjoni erën dhe shërbejeni sa është ende e nxehtë.

4. Supë me merluc të thatë

Koha e përgatitjes: 25 minuta
Koha e gatimit: 30 minuta
Shërbimet: 2 persona

PËRBËRËSIT
- Tofu e butë 9 ons
- 2-3 gota Pollack të thata
- 2 thelpinj hudhre, te grira
- 3 qepë
- 3 ½ lugë gjelle vaj susami
- 3 ½ filxhan Dashida, lëng supë koreane
- Kripë për shije
- 1 vezë
- 5 gota ujë
- Lakër fasule, nëse dëshironi
- Piper i kuq thekon sipas dëshirës

DREJTIMET
a) Pritini peshkun në shirita të hollë, afërsisht 1 ½ inç të gjatë.
b) Ngrohni vajin në një tigan dhe skuqni shiritat e peshkut për 3 minuta.
c) Më pas, derdhni ujin me lëngun koreano-amerikan dhe hudhrën, vendosni një kapak dhe ngrohni derisa të vlojë, më pas ulni zjarrin.
d) Pritini tofu në copa ½ inç dhe shtoni në tigan.
e) Nëse përdorni lakër fasule, shtoni ato tani.
f) Vendoseni përsëri kapakun dhe gatuajeni për 15 minuta.
g) Rrihni vezën, duke përdorur një tas të vogël.
h) Përziejeni në supë, duke e përzier mirë, tani shtoni qepët e prera në gjatësi 1 inç.
i) Gatuani edhe 2 minuta të tjera dhe korrigjoni erën.
j) Pjatë të nxehtë.
k) Pluhuroni me thekon piper nëse dëshironi.

l)   Mund të hahet me oriz të zier në avull.

5. <u>Supë me gjoks viçi dhe bisht</u>

Koha e përgatitjes: 120 minuta
Koha e gatimit: 360 minuta
Shërbimet: 10 persona

PËRBËRËSIT
- 1 qepë, e prerë për çdo tas për servirje
- 1 pako eshtra bisht kau përfshirë mish, supermarket koreano-amerikan
- Erëza për shije
- 1 ½ gallon ujë

DREJTIMET
a) Shtoni bishtin e kaut në një enë me ujë dhe lëreni të njomet duke hequr gjakun e tepërt, ndërroni ujin 2-3 herë.
b) Kur të jenë gati, shtoni kockat në një tenxhere të madhe dhe mbulojini me 1 ½ gallon ujë.
c) Vendoseni në sobë dhe gatuajeni të paktën 6 orë, sa më gjatë të gatuani aq më mirë shija dhe mishi.
d) Ndërsa gatuhet, vazhdoni të hiqni vajin që shfaqet sipër, mbani nivelin e ujit në rreth 1 gallon gjatë gatimit.
e) Pasi të jetë bërë, ngjyra duhet të jetë kremoze.
f) Korrigjoni erëzat.
g) Shërbejeni në tasa me bishtin e kaut dhe sipër i shpërndani qepët e grira.

6. Supë me filiz soje

Koha e përgatitjes: 10 minuta
Koha e gatimit: 30 minuta
Shërbimet: 2-3 persona

PËRBËRËSIT
- 1 qepë, e grirë
- 2 gota lakër soje
- 2 lugë salcë soje
- 2 thelpinj hudhre, te grira
- 5 gota ujë
- 1 lugë gjelle vaj susami
- 1-2 lugë speca të kuq, sipas dëshirës
- 1 lugë çaji kripë

DREJTIMET
a) Pastrojeni filizin e sojës në ujë, më pas kullojeni, hiqni çdo pjesë të padëshiruar.
b) Shtoni vajin në një tenxhere dhe kur të nxehet skuqni hudhrën duke shtuar njëkohësisht salcën e sojës, gatuajeni për 3 minuta.
c) Hidhni ujin dhe vendosni filizat dhe rregulloni, ngrohni derisa të fillojë të vlojë.
d) Tani ulni zjarrin dhe gatuajeni në zjarr të ulët për 20 minuta me kapak.
e) Nëse dëshironi të shtoni speca të kuq, vendosini 5 minuta para përfundimit të gatimit.
f) Hiqeni zjarrin dhe shërbejeni në tas me qepën e grirë sipër.

7. Supë me pulë dhe xhensen

Koha e përgatitjes: 20 minuta
Koha e gatimit: 25 minuta
Shërbimet: 4 persona

PËRBËRËSIT
- 2 lugë hudhër, të grira mirë
- 1 lugë çaji fara susami
- 2 lugë gjelle xhenxhefil të freskët, të grirë mirë
- 8 gota lëng pule
- 1 lugë gjelle salcë soje
- 1-2 lugë çaji pastë me spec djegës të kuq
- ½ filxhan oriz
- 1 lugë çaji vaj susami i thekur
- 2 qepë, të grira mirë
- 1 filxhan pulë të gatuar të grirë

DREJTIMET
a) Skuqini farat për 1 minutë derisa të marrin ngjyrë të artë në një tigan të thatë, më pas vendosini në njërën anë.
b) Duke përdorur një tenxhere të madhe, shtoni hudhrën, lëngun dhe xhenxhefilin dhe ngrohni derisa të vlojë.
c) Pasi të vlojë, përzieni pastën djegës, sojen dhe vajin e susamit.
d) Hidheni mishin e pulës dhe ngroheni derisa të bëhet e ngrohtë.
e) Vendoseni supën në tasat për servirje dhe përfundoni me qepën dhe farat sipër.

8. **Supë me petë me oriz dhe viç**

Koha e përgatitjes: 30 minuta
Koha e gatimit: 75 minuta
Shërbimet: 8 persona

PËRBËRËSIT
- $\frac{1}{2}$ rrepkë e tërë koreano-amerikane
- $\frac{1}{2}$ kile biftek me brinjë viçi
- $\frac{1}{4}$ kile petë kineze
- $1\frac{1}{3}$ kile viçi
- 5 thelpinj hudhre
- 1 qepë, e madhe dhe e grirë
- Erëza për shije

DREJTIMET
a) Merrni mishin e viçit dhe grijeni në copa të madhësisë së gojës.
b) Pritini rrepkën në dy pjesë.
c) Tani ziejini së bashku duke përdorur një tenxhere të madhe me 30 gota ujë, pasi të vlojë ulni zjarrin dhe ziejini për 60 minuta.
d) Pasi mishi të jetë zbutur, hiqeni nga lëngu, së bashku me rrepkën, lëreni lëngun të ftohet, duke hequr yndyrën e tepërt.
e) Kur mund ta trajtoni fetën e rrepkës në feta $\frac{1}{8}$ të trasha.
f) Vendoseni mishin me rrepkën e prerë përsëri në lëng dhe lëreni të ziejë përsëri këtë herë duke shtuar petët.
g) Hidhni qepët dhe korrigjoni erëzat duke përdorur kripë dhe piper.
h) Shërbejeni në tas supë dhe shijojeni.

9. Supë me petë me thikë koreano-amerikane

Koha e përgatitjes: 15 minuta
Koha e gatimit: 25 minuta
Shërbimet: 4 persona

PËRBËRËSIT
½ lugë çaji hudhër të grirë
4 ½ filxhanë açuge të thata dhe lëng leshterik ose ujë
½ lugë çaji kripë deti të imët
1 lugë çaji salcë soje
Ujë për të gatuar petët
Karrota 1,7 ons, e prerë në shirita të hollë
10 ons petë kalguksu ose ramen
1,4 ons kërpudha shitake, të prera hollë
3,5 okë kunguj të njomë, të prera në feta të holla
Karkaleca 3,5 ons, koka dhe bishti i hequr, i deveinuar
4,5 ons molusqe të freskëta ose të ngrira me qafë të vogël, të pastruara
1 qepë, e grirë

DREJTIMET
1. Vendosim në sobë dy tenxhere, njërën me ujë për petët dhe e ngrohim derisa të vlojë. Tjetra përdorni një tenxhere të madhe dhe shtoni lëngun e leshterikëve ose ujin dhe lëreni të vlojë.
2. Ziejini petët për 3 minuta, kullojini dhe shpëlajini kur të jenë gati dhe vendosini anash.
3. Në tenxheren kryesore shtoni karotat, kërpudhat dhe kungull i njomë, ziejini për 2 minuta më pas hidhni molusqet dhe karkalecat për 2 minuta të tjera.
4. Në fund shtojmë petët dhe i përziejmë së bashku.
5. Pasi të nxehet shërbejeni në tasa.
6. Shënim. Nëse përdorni ujë në vend të lëngut, shtoni salcë soje shtesë dhe erëza për shije të shtuar.

10. <u>**Supë me qafë derri**</u>

Koha e përgatitjes: 120 minuta

Koha e gatimit: 120 minuta
Shërbimet: 4 persona

PËRBËRËSIT

1 qepë e vogël
Qafë derri 3 kile
10 kokrra piper te zi
1 copë xhenxhefil të freskët me madhësi të gishtit, të qëruar
3 lugë pluhur fara perilla
10 thelpinj hudhre
3 lugë gjelle verë orizi
1 lugë çaji xhenxhefil të bluar
3 lugë piper të kuq koreano-amerikan pluhur
3 lugë salcë peshku
4 patate të vogla kremoze, të qëruara
1 tufë lakër kineze ose bok choy
5 qepë, të copëtuara
Erëza për shije
10 gjethe perilla

DREJTIMET

1. Vendoseni mishin e derrit në ujë dhe lëreni për 120 minuta, pastroni ujin pas 60 minutash.
2. Pasi të jetë gati, vendoseni mishin në një tenxhere të madhe, mbulojeni me ujë dhe ngrohni derisa të vlojë, lëreni të ziejë për 6 minuta.
3. Tani kullojeni ujin dhe shpëlajeni mishin duke përdorur ujë të ftohtë.
4. Pastroni tenxheren, më pas shtoni përsëri mishin dhe hidhni ujë aq sa ta mbulojë.

5. Hidhni të gjithë qepën, 4 thelpinj hudhra, kokrrat e xhenxhefilit dhe piperit, ngroheni derisa të vlojë, ulni zjarrin në zjarr të ziejë dhe ziejini për 90 minuta.

6. Ndërkohë, përzieni së bashku verën e orizit, pluhurin e farës së perilës, piperin e kuq, salcën e peshkut, 6 thelpinj hudhra dhe pluhurin e xhenxhefilit.

7. Kur salca të jetë përzier mirë, vendoseni në njërën anë.

8. Kur të jetë gati, hiqni mishin e derrit nga lëngu dhe vendoseni në njërën anë.

9. Hiqni xhenxhefilin, kokrrat e piperit të qepës dhe hudhrën, tani kthejeni mishin e derrit.

10. Vendosni patatet me salcën dhe përziejini së bashku, aromatizoni dhe gatuajeni edhe për 20 minuta të tjera.

11. Në fund hidhni gjethet e perilës dhe lakrën, gatuajeni për 2-3 minuta.

12. Shërbejeni në enë me qepë dhe piper të zi sipër.

KURS KRYESOR

11. Gyeranbap me alga deti të pjekura

Shërben 1

PËRBËRËSIT
- 1 filxhan oriz të bardhë të gatuar, mundësisht të freskët
- 2 lugë çaji vaj susami të thekur
- ¾ lugë çaji salcë soje, plus më shumë për shije
- 2 vezë të mëdha
- 1 pako (5 gram) pako, e grimcuar me duar
- Kaperi, për servirje
- Piper i zi i sapo bluar

Udhëzimet
a) Shtoni orizin në një tas mesatar dhe lëreni mënjanë.
b) Në një tigan mesatar që nuk ngjit, ngrohni vajin e susamit dhe salcën e sojës në zjarr të fortë. Çarje në vezë. Zvogëloni nxehtësinë nëse spërkatja është shumë, por përndryshe thjesht gatuajeni derisa të bardhat të jenë zbutur, të skuqen pak rreth skajeve dhe zona e bardhë rreth të verdhës së verdhë të mos jetë më e lëngshme, rreth 1 minutë (nëse tigani juaj është mjaft i nxehtë; më gjatë nëse nuk është). Gjithashtu, salca e sojës duhet të ketë njollosur të bardhat dhe të ketë fryrë flluska, duke u kthyer në një lustër ngjitëse.
c) Rrëshqitni vezët e skuqura mbi oriz, bëni dush me gjilpërë dhe lyeni me pak kaperi. Sezoni me piper. Përziejini gjithçka së bashku me një lugë përpara se ta shijoni. Këtu mund të përshtateni për erëza, duke shtuar më shumë salcë soje sipas nevojës.

12. Mish viçi Bulgogi

Koha e përgatitjes: 10 minuta
Koha e gatimit: 5 minuta
Shërbimet: 4 persona

PËRBËRËSIT
- 2 $\frac{1}{2}$ lugë sheqer të bardhë
- 1 kile biftek nga krahu, i prerë në feta hollë
- $\frac{1}{4}$ filxhan qepë, të copëtuara
- 5 lugë salcë soje
- 2 lugë hudhër të grirë
- $\frac{1}{2}$ lugë çaji piper i zi i bluar
- 2 lugë vaj susami
- 2 lugë fara susami

DREJTIMET
a) Vendoseni mishin në një enë me anë të ulët.
b) Përzieni së bashku sheqerin, hudhrën, salcën e sojës, farën e susamit dhe vajin, me qepët dhe piperin e zi në një enë.
c) Lyejeni mishin e viçit dhe mbulojeni enën dhe më pas pushoni për 60 minuta, sa më gjatë aq më mirë edhe gjatë natës, në frigorifer.
d) Kur të jetë gati, ngrohni grilën ose BBQ dhe grijini me vaj.
e) Pasi të jetë nxehtë, grijeni mishin në skarë për 2 minuta nga të dyja anët dhe shërbejeni.

13. Brinjë të shkurtra BBQ koreano-amerikane

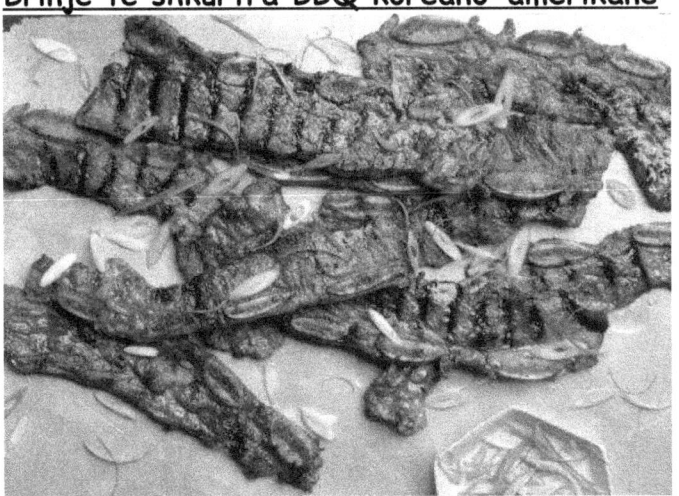

Koha e përgatitjes: 15 minuta
Koha e gatimit: 10 minuta
Shërbimet: 5 persona

PËRBËRËSIT
- 3 lugë uthull të bardhë
- ¾ filxhan salcë soje
- ¼ filxhan sheqer kafe të errët
- ¾ filxhan ujë
- 1 luge piper i zi
- 2 lugë sheqer të bardhë
- ¼ filxhan hudhër të grirë
- Brinjë të shkurtra 3 paund të stilit koreano-amerikan, të prera nëpër kocka
- 2 lugë vaj susami
- ½ qepë e madhe, e grirë

DREJTIMET
a) Përziejini së bashku uthullën, salcën e sojës dhe ujin në një gotë ose enë inox.
b) Tani rrahim dy sheqernat, vajin, qepën, piperin dhe hudhrën, i rrahim derisa të shkrihen sheqernat.
c) I vendosim brinjët në salcë dhe i mbulojmë me mbështjellës, i vendosim në frigorifer për të paktën 7 orë.
d) Ngrohni skarën e kopshtit kur të jeni gati për të gatuar.
e) Nxirrni brinjët nga marinada dhe piqini në skarë për 6 minuta nga të dyja anët, skuqini kur të jenë gati.

14. Pulë koreano-amerikane

Koha e përgatitjes: 45 minuta
Koha e gatimit: 20 minuta
Shërbimet: 4 persona

PËRBËRËSIT
- 2 lugë fara susami
- 1-3 kilogramë pulë e plotë
- $\frac{1}{8}$ lugë çaji kripë
- $\frac{1}{4}$ filxhan salcë soje
- 1 qepë e grirë
- $\frac{1}{8}$ lugë çaji piper i zi i bluar
- 1 thelpi hudhër
- 1 lugë gjelle sheqer të bardhë
- 1 lugë çaji gjalpë kikiriku
- 1 lugë çaji monosodium glutamate

DREJTIMET
a) Hiqeni pulën nga kockat duke përdorur një thikë të mprehtë.
b) Pritini mishin në feta $\frac{1}{8}$ inç të trasha, 2 inç katror, vendoseni mishin në një tas me salcën e sojës.
c) Skuqini farat e susamit në një tigan të thatë, vendosini në një tas druri kur të fillojnë të skuqen dhe shtoni kripë.
d) Më pas, shtypni farat me pjesën e pasme të një luge.
e) Pasi të jetë bërë i imët shtoni hudhrën, piperin, sheqerin, qepën, monosodiumin dhe vajin i përzieni mirë së bashku.
f) Përzieni pulën me salcën e sojës dhe lëreni të marinohet për 30 minuta.
g) Përdorni të njëjtën tigan si më parë dhe skuqeni në temperaturë të ulët të mbuluar.
h) Kur të zbutet është gati, mund t'ju duhet pak ujë për ta mbajtur të lagësht gjatë gatimit.

15. Biftek koreano-amerikan

Koha e përgatitjes: 20 minuta
Koha e gatimit: 10 minuta
Shërbimet: 6 persona

PËRBËRËSIT
- 5 lugë sheqer të bardhë
- Fileto skoceze 2 kilogramë, e prerë në feta hollë
- 2 ½ lugë fara susami
- ½ filxhan salcë soje
- 2 thelpinj hudhre, te shtypura
- 2 lugë vaj susami
- 5 lugë mirin, verë e ëmbël japoneze
- 3 qepujka të prera hollë

DREJTIMET
a) Përzieni së bashku farat e susamit dhe vajin, hudhrën, salcën e sojës, qepujt, sheqerin dhe mirinin.
b) Vendoseni mishin në salcë dhe përzieni në mish, mbulojeni dhe vendoseni në frigorifer për 12 orë.
c) Kur të jetë gati, ngrohni një tigan në nxehtësi mesatare dhe skuqni mishin për 6-8 minuta, ose derisa të gatuhet.
d) Gatuajini me oriz të skuqur ose sallatë.

16. Chap Chee Noodles

Koha e përgatitjes: 35 minuta
Koha e gatimit: 20 minuta
Shërbimet: 4 persona

PËRBËRËSIT
- 2 qepë, të grira mirë
- 1 lugë gjelle salcë soje
- 1 lugë çaji fara susami
- 1 lugë gjelle vaj susami
- 1 thelpi hudhër, të grirë
- ¼ lugë çaji piper i zi
- 2 lugë vaj vegjetal
- 1 lugë çaji sheqer
- ½ filxhan karota të prera hollë
- ⅓ paund mish lope sirpër, i prerë në feta hollë
- ¼ kile lakër Napa, e prerë në feta
- Petë celofani 3 ons, të njomura në ujë të ngrohtë
- ½ filxhan lastarë bambuje të prera në feta
- 2 gota spinaq të freskët, të grirë
- 1 luge sheqer
- ¼ lugë çaji piper i zi
- 2 lugë salcë soje
- ½ lugë çaji kripë

DREJTIMET
a) Duke përdorur një tas të madh, përzieni së bashku vajin e susamit dhe farat, qepët 1 lugë gjelle salcë soje, lugë çaji sheqer, hudhrën dhe ¼ lugë çaji piper.
b) Përzieni mishin e viçit dhe lëreni për 15 minuta në dhomë.
c) Vendoseni në një tigan të madh ose wok nëse keni për të ngrohur me pak vaj.

d) Skuqini mishin derisa të marrë ngjyrë kafe më pas shtoni lakrën, karotat, bambunë dhe spinaqin duke i përzier mirë së bashku.
e) Më pas hidhni petët, 1 lugë sheqer, piper, kripë dhe 2 lugë soje.
f) Përziejini mirë dhe ulni zjarrin, duke i gatuar derisa të jetë i nxehtë.

17. Mish derri i marinuar me erëza koreano-amerikane

Koha e përgatitjes: 45 minuta
Koha e gatimit: 15 minuta
Shërbimet: 8 persona

PËRBËRËSIT
- ½ filxhan pastë me spec djegës koreano-amerikan
- ¼ filxhan uthull vere orizi
- 3 lugë hudhër të grirë
- 2 lugë salcë soje
- 2 lugë thekon piper të kuq
- 3 lugë sheqer të bardhë
- ½ lugë çaji piper i zi
- 3 lugë gjelle xhenxhefil të freskët të grirë
- 3 qepë, të prera në gjatësi 2 inç
- copë 1-2 kile mish derri, e prerë në feta ¼ inç të trasha
- ½ qepë e verdhë, e prerë në unaza ¼ inç të trasha
- ¼ filxhan vaj kanola

DREJTIMET
a) Përziejini së bashku sojen, hudhrën, thekonet e piperit të kuq, sheqerin, qepën, uthullën, pastën e piperit, xhenxhefilin, qepët e verdha dhe piperin e zi.
b) Pasi të jetë përzier mirë shtoni mishin e derrit të prerë dhe lyeni salcën mbi mishin e derrit duke e lyer mirë.
c) Vendoseni në një qese Ziploc dhe lëreni në frigorifer për 3 orë.
d) Kur të jetë gati për të gatuar, shtoni vajin në një tigan dhe skuqeni në tufa mbi nxehtësinë mesatare.
e) Kur të marrë ngjyrë të artë dhe të mos jetë më rozë në mes, vendoseni në pjata.
f) Shërbejeni me oriz dhe sallatë.

18. Biftek i marinuar nga krahët koreano-amerikan

Koha e përgatitjes: 15 minuta
Koha e gatimit: 15 minuta
Shërbimet: 6 persona

PËRBËRËSIT
- 1 qepë, e prerë përafërsisht
- 4 thelpinj hudhre
- 2 ½ gota salcë soje me pak natrium
- 1 lugë çaji xhenxhefil të freskët të grirë
- ¼ filxhan vaj susami të thekur
- 2 lugë gjelle zbutës mishi të pa erëza
- 2 paund biftek viçi, i prerë
- 3 lugë salcë Worcestershire
- 1 filxhan sheqer të bardhë

DREJTIMET
a) Vendosni xhenxhefilin, hudhrën dhe qepën në një blender, tani shtoni vajin e susamit, sheqerin, salcën e sojës, zbutësin dhe Worcestershire, pulsoni derisa të jenë të lëmuara.
b) Kur të jetë gati, shtoni salcën në një qese Ziploc ose tas nëse nuk e keni.
c) Pritini mishin me thikë dhe vendoseni në marinadë, lëreni në frigorifer gjatë gjithë natës.
d) Ngrohni skarën e jashtme dhe gatuajeni biftekin për 5-6 minuta nga njëra anë, ose më gjatë nëse dëshironi.
e) Shërbejeni.

19. Copat e ëmbla të qengjit të pjekur në skarë me erëza

Koha e përgatitjes: 15 minuta
Koha e gatimit: 10 minuta
Shërbimet: 4 persona

PËRBËRËSIT

- 1 lugë gjelle pastë soje koreano-amerikane
- 2 ons lëngje për hir
- 2 lugë gjelle mirin
- 1 ¼ ons pastë djegës koreano-amerikane
- 1 lugë gjelle salcë soje
- 1 lugë mjaltë
- 1 lugë gjelle vaj susami
- 16 bërxolla qengji të shkurtuara franceze
- 1 ½ lugë çaji thekon djegës koreano-amerikan
- Farat e susamit për servirje
- Vaj për gatim

DREJTIMET

a) Duke përdorur një tas, përzieni së bashku pastën e fasules, sake, salcën e sojës, mjaltin, pastën djegës, mirin, vajin e susamit dhe thekon djegës derisa të bëhet e butë.
b) Vendoseni mishin e qengjit dhe lyeni me salcën mbi to.
c) Vendosni mbështjellësin mbi tas dhe vendoseni në frigorifer për të paktën 4 orë.
d) Kur të jeni gati për t'u gatuar, ndizni skarën e shkumës dhe lyeni grilat me yndyrë.
e) Mbuloni kockat e qengjit me fletë metalike për të ndaluar djegien e tyre.
f) Gatuani për rreth 6-8 minuta, duke i kthyer në gjysmë të rrugës së gatimit.
g) Vendoseni në pjatat e servirjes dhe përfundoni me një pudrosje me farat e susamit.

20. Kofshët e pjekura të pulës koreano-amerikane

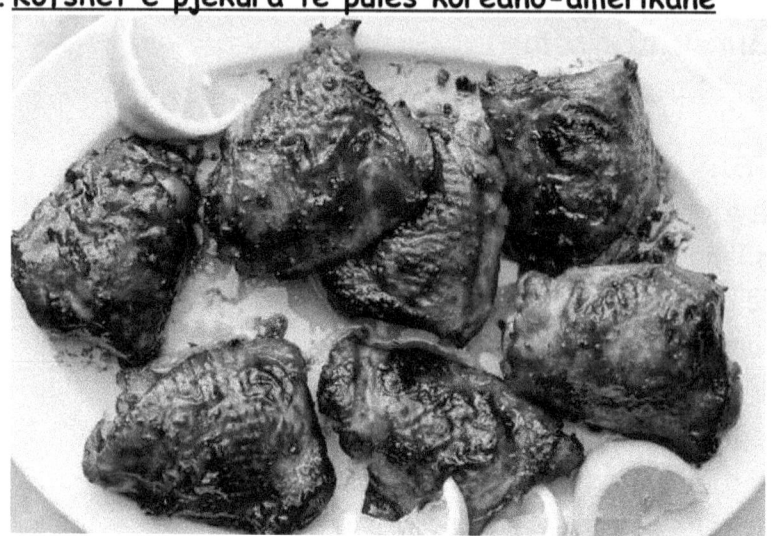

Koha e përgatitjes: 10 minuta
Koha e gatimit: 60 minuta
Shërbimet: 8 persona

PËRBËRËSIT
- ½ filxhan qepë të grirë
- 8 kofshët e pulës, me lëkurë
- 3 lugë vaj susami
- ½ filxhan salcë soje
- 2 lugë çaji hudhër të grirë
- ¼ lugë çaji piper i zi
- 3 lugë mjaltë
- ¼ lugë çaji xhenxhefil të bluar

DREJTIMET
a) Nxehni sobën në 375°F.
b) Shtoni pulën me lëkurën poshtë në një enë për pjekje.
c) Përziejini së bashku pjesën tjetër të përbërësve në një tas.
d) Hidhni salcën sipër pulës dhe vendoseni në furrë.
e) Gatuani në furrë pa kapak për 45 minuta.
f) Tani kthejeni pulën dhe gatuajeni edhe për 15 minuta të tjera.
g) Shërbejeni pasi të jetë gatuar.

21. Pulë dhe patate pikante koreano-amerikane

Koha e përgatitjes: 15 minuta
Koha e gatimit: minuta
Shërbimet: 4 persona

PËRBËRËSIT
- 2 karota, të prera në copa 2 inç ose përdorni 10 karota të plota
- 2 ½ paund kope pule ose copa pule
- 1 qepë e madhe, e prerë në 8
- 2 patate të mëdha, të prera në kubikë të mëdhenj
- 1 spec jeshil i prerë në kubikë
- ½ filxhan ujë
- 2 lugë sheqer të bardhë
- 4 thelpinj hudhër, të prera
- ½ filxhan salcë soje
- 1 lugë çaji xhenxhefil të freskët
- 3 lugë pastë piper të kuq koreano-amerikan ose salcë tjetër të nxehtë

DREJTIMET
a) Shtoni pulën, qepën, patatet, xhenxhefilin, karotat, hudhrën dhe sheqerin në një tenxhere dhe ngrohni, përzieni së bashku.
b) Shtoni salcën e sojës me ujin, më pas përzieni pastën e piperit.
c) Ngroheni derisa të fillojë të vlojë, tani ulni zjarrin dhe ziejini në temperaturë të ulët për 45 minuta.
d) Hiqeni kur lëngu i pulës të jetë i pastër.
e) Salca do të trashet kur të fillojë të ftohet.

PETË

22. Sallatë me petë me fasule mung

Koha e përgatitjes: 15 minuta
Koha e gatimit: 5 minuta
Shërbimet: 4 persona

PËRBËRËSIT
1 karotë, e rruar hollë
½ filxhan pluhur fasule mung
1 kastravec libanez, i rruar hollë
1 lugë gjelle vaj susami
1 djegës djegës i kuq i gjatë, i prerë në feta hollë
2 gota mizuna ose endive kaçurrela
Për veshjen
1 lugë çaji fara susami, të thekura
2 lugë salcë soje
2 lugë çaji shurup misri të lehtë ose mjaltë
1 lugë çaji vaj susami
1 lugë gjelle oriz kafe ose uthull të bardhë
2 lugë çaji sheqer pluhur
1 lugë çaji pluhur djegës koreano-amerikan
1 fetë qepë e hollë

DREJTIMET
1. Shtoni pluhurin e fasules në 2 ¾ gota ujë, përzieni mirë dhe lëreni për 60 minuta anash.
2. Kur të jetë gati, shtoni përzierjen në një tigan dhe ngrohni derisa të fillojë të vlojë, duke e trazuar gjatë gjithë kohës që të mos digjet.
3. Kur të vlojë ulni zjarrin dhe gatuajeni për 2 minuta.
4. Pasi të bëhet e trashë përzieni vajin e susamit dhe 1 lugë çaji kripë.
5. Hiqeni zjarrin dhe derdhni përzierjen në një formë keku të lyer me yndyrë, rreth 8 inç.

6. Vendoseni në frigorifer derisa të bëhet e fortë, rreth 60 minuta.
7. Pasi të jenë të forta, pritini në shirita të gjatë të hollë, kështu që petët vendosen në njërën anë kur të jenë gati.
PËRBËRËSIT e salcës në një tas dhe përzieni mirë.
9. Shtoni mizunë, kastravecin, petët e fasules, djegësin dhe karrotën, i përzieni butësisht së bashku.
10. Shërbejeni.

23. Vermiçeli me patate të ëmbël dhe mish viçi Stir Fry

Koha e përgatitjes: 15 minuta

Koha e gatimit: 10 minuta

Shërbimet: 4 persona

PËRBËRËSIT

- 2 lugë vaj susami
- ½ kile fileto sy viçi, e prerë në feta hollë
- 2 thelpinj hudhre, te prera holle
- ⅓ filxhan salcë soje
- 1 lugë gjelle sheqer pluhur
- 1 ½ filxhan kërpudha aziatike të përziera
- 5 kërpudha të thata shiitake
- 2 lugë vaj vegjetal
- 1 karotë, e grirë në rende
- 2 qepë, të prera në feta të holla
- 1 lugë gjelle fara susami të thekur
- ¼ kile vermiçel me patate të ëmbël, ose vermiçel fasule mung, të gatuar dhe të kulluar
- 3 gota spinaq bebe, vetëm gjethe

DREJTIMET

a) Shtoni mishin e viçit në një tas me salcën e sojës, sheqerin, 2 lugë çaji vaj susami dhe hudhrën, vendosni sipër mbështjellësin dhe vendoseni në frigorifer për 30 minuta.

b) Ndërsa prisni, zhytni kërpudhat e thata për 30 minuta në ujë të vluar, pasi të jenë bërë, kullojini dhe prisni në feta.

c) Më pas, vendosni 1 lugë gjelle vaj vegjetal në një tigan ose wok me anët e larta.

d) Pasi të jenë të nxehta hidhni kërpudhat e përziera, 1 lugë çaji vaj susami dhe kërpudhat shiitake, skuqini për 3 minuta duke i trazuar, më pas i rregulloni.

e) Tani kullojeni mishin e viçit dhe mbajeni marinadën anash.

f) Ngroheni përsëri tiganin ose wok me 1 lugë çaji vaj susami dhe pjesën tjetër të vajit vegjetal.
g) Skuqini qepët për 3-5 minuta derisa të marrin ngjyrë të artë dhe më pas vendosni karotat derisa të zbuten.
h) Vendoseni mishin e viçit, duke e gatuar edhe për 2-3 minuta të tjera.
i) Tani shtoni petët, të gjitha kërpudhat, spinaqin dhe pjesën tjetër të vajit të susamit.
j) Hidhni marinadën dhe gatuajeni për 2 minuta të tjera.
k) Pasi të jetë nxehur gjithçka, përzieni dhe përfundoni me farat sipër.

24. Petë pikante të ftohta

Koha e përgatitjes: 15 minuta
Koha e gatimit: 10 minuta
Shërbimet: 4 persona

PËRBËRËSIT
- 2 thelpinj hudhre, te shtypura
- 3 lugë gjelle gochujang koreano-amerikane, një pastë pikante e nxehtë
- 1 copë xhenxhefil të freskët me madhësi të gishtit, të qëruar dhe të grirë
- $\frac{1}{4}$ filxhan uthull vere orizi
- 1 lugë çaji vaj susami
- 4 rrepka, të prera hollë
- 2 lugë salcë soje
- 4 vezë të ziera të buta
- 1 $\frac{1}{2}$ filxhan petë hikërror, të gatuara, të kulluara dhe të freskuara
- 1 kastravec telegraf, i prerë në copa të mëdha
- 2 lugë çaji, 1 nga çdo farë susami bardh e zi
- 1 filxhan kimchi

DREJTIMET
1. Shtoni salcën e nxehtë, hudhrën, salcën e sojës, xhenxhefilin, uthullën e verës dhe vajin e susamit në një tas dhe përzieni së bashku.
2. Vendosim petët dhe i përziejmë mirë duke u kujdesur që të jenë të lyera me salcë.
3. Vendoseni në tasat për servirje, tani shtoni në secilën prej tyre rrepkën, kimçin, vezën dhe kastravecin.
4. Përfundoni me një pluhurosje të farave.

25. Petë me salcë fasule të zezë

Koha e përgatitjes: 30 minuta
Koha e gatimit: 25 minuta
Shërbimet: 3 persona

PËRBËRËSIT
- 1 filxhan kungull i njomë, i prerë në copa ½ inç
- ½ kile bark derri, prerë në kube ½ inç
- 1 filxhan patate, të qëruara dhe të prera në kube ½ inç
- 1 filxhan rrepkë koreano-amerikane ose daikon, të prerë në kube ½ inç
- 1 ½ filxhan qepë, të copëtuar përafërsisht
- 2 lugë pluhur niseshte patate të përzier me ½ filxhan ujë
- 3 lugë vaj vegjetal
- 1 lugë çaji vaj susami
- 1 plus ¼ filxhan pastë fasule të zezë
- ½ filxhan kastravec, i prerë hollë, si shkrepëse
- Uji
- Petë ose oriz për servirje

DREJTIMET
a) Shtoni 1 lugë gjelle vaj vegjetal në një tigan të thellë ose wok dhe ngrohni.
b) Sapo të nxehet, skuqeni mishin e derrit derisa të marrë ngjyrë të artë dhe të freskët, rreth 5 minuta, përzieni gjatë skuqjes.
c) Pasi të keni mbaruar, merrni yndyrën e tepërt të derrit, tani vendosni rrepkën dhe gatuajeni edhe 1 minutë.
d) Hidhni më pas qepën, patatet dhe kunguj të njomë, përzieni dhe skuqni për 3 minuta të tjera.
e) Tani shtyni të gjithë përbërësit në buzë të wok-ut dhe vendosni në mes, 2 lugë vaj vegjetal, shtoni ¼ filxhan pastë fasule të zezë, përzieni së bashku dhe përzieni gjithçka nga skajet.

f) Hidhni në 2 gota ujë, mbulojeni wok dhe ziejini për 10 minuta.
g) Provoni se perimet janë gatuar, nëse po shtoni ujin me niseshte dhe përziejini derisa të trashet.
h) Në fund hidhni farat e susamit dhe hiqeni nga zjarri.
i) Shërbejeni me oriz ose petë.

26. Tas me petë pule koreano-amerikane

Koha e përgatitjes: 30 minuta

Koha e gatimit: 10 minuta
Shërbimet: 4 persona

PËRBËRËSIT

1-1 inç copë xhenxhefil të freskët, të grirë
¼ filxhan tamari, salcë soje e errët
1 kile spageti gruri integral
Erëza për shije
2 thelpinj të mëdhenj hudhër, të grira në rende
2 lugë pastë domate
1 lugë gjelle vaj susami
3 lugë mjaltë, ose shurup agave
2 lugë gjelle uthull vere orizi
2 lugë pastë domate
2 lugë vaj vegjetal
¼ lakër e vogël, e grirë mirë
1 tufë qepë, të prera në feta në një kënd
1 lugë çaji salcë e nxehtë
Farat e thekura të susamit për mbarim
1 kile kofshë ose gjoks pule, me kocka dhe pa lëkurë, të prera në rripa
½ spec i kuq zile, i prerë në kubikë ose në feta

DREJTIMET

1. Nxehim një tenxhere me ujë të kripur të vluar dhe gatuajmë makaronat duke i mbajtur pak të freskëta, jo të lagura.
2. Ndërkohë shtoni në një blender xhenxhefilin, hudhrën, pak ujë të vluar, kripën, uthullën, mjaltin, vajin e susamit, tamarin, salcën e nxehtë dhe pastën e domates, pulsoni derisa të bëhet një masë homogjene.
3. Shtoni vajin vegjetal në wok ose tigan dhe ngrohni.

4. Pasi të nxehen, skuqni shiritat e pulës derisa të marrin ngjyrë të artë rreth 3 minuta, tani shtoni piperin dhe lakrën për 2 minuta të tjera.
5. Më pas hidhni salcën dhe qepët duke gatuar për 1 minutë të tjera.
6. Vendoseni pulën sipër petëve dhe përfundoni me farat sipër.
7. Shërbejeni me salcë ekstra të nxehtë nëse dëshironi.
8. Kjo recetë mund të përdoret me mish derri nëse kërkohet.

27. Petë pikante me vezë dhe kastravec

Koha e përgatitjes: 10 minuta

Koha e gatimit: 5 minuta
Shërbimet: 4 persona

PËRBËRËSIT

1 lugë gjelle pluhur djegës koreano-amerikan
1 ½ filxhan kimchi, të copëtuara
1 ½ filxhan uthull orizi kafe
2 lugë pastë djegës
2 lugë sheqer pluhur
1 lugë gjelle vaj susami
¼ kile petë myeon
1 lugë gjelle salcë soje
½ filxhan lakër ose marule të prera hollë
1 kastravec, feta holle, hiqet lekura
2 vezë të ziera, të përgjysmuara

DREJTIMET

1. Duke përdorur një tas, përzieni së bashku pastën djegës, salcën e sojës, kimçin, uthullën e orizit, vajin e susamit, pluhurin djegës dhe sheqerin dhe vendosini anash.
2. Vendosni petët në ujë të vluar dhe ziejini për 3-4 minuta, pasi të zbuten, freskohen nën ujë të rrjedhshëm të ftohtë dhe kullojini.
3. Vendosni petët e ftohta ose të ftohta në tasin që përmban salcën dhe përziejini së bashku.
4. Vendosim petët në tasat e servirjes dhe sipër i hedhim kastravec të prerë, 1 gjethe susami, lakër ose marule dhe përfundojmë me gjysmën e një veze.

28. Petë të ftohta koreano-amerikane

Koha e përgatitjes: 15 minuta
Koha e gatimit: 10 minuta
Shërbimet: 2 persona

PËRBËRËSIT
- 2 gota lëng mishi
- ¼ kile petë hikërror, naengyun jo soba ose memil gooksu
- 1 lugë gjelle sheqer orizi kaf
- 2 gota lëng pule, pa kripë
- 1 lugë gjelle uthull orizi
- 1 dardhë e vogël aziatike, prerë në feta shumë të holla
- 2 lugë sheqer të bardhë
- ½ kastravec koreano-amerikan, i pastruar dhe i prerë në shirita të hollë
- 1 vezë e zier
- Kuba akulli për të shërbyer
- ¼ filxhan rrepkë turshi
- Bryka e pjekur në feta të holla ose tufë viçi

DREJTIMET
a) Përziejini së bashku lëngjet e viçit dhe pulës, më pas përzieni uthullën dhe korrigjoni erëzat.
b) Masën e vendosim në frigorifer të pushojë për 30 minuta.
c) Ndërkohë gatuajini petët sipas udhëzimeve në pako, në ujë të valë.
d) Pasi të keni bërë freskoni nën ujë të ftohtë të rrjedhshëm dhe kullojeni.
e) Vendosni petët në enët për servirje.
f) Tani hidheni lirshëm sipër lëngut dhe vendosni kube akulli për të mbuluar petët.

29. Sallatë pikante koreano-amerikane me këmilli

Koha e përgatitjes: 20 minuta
Koha e gatimit: 10 minuta
Shërbimet: 3-4 persona

PËRBËRËSIT
- ½ qepë, e prerë hollë
- 1 kanaçe të mëdha ose 2 të vogla golbanygi, kërmij deti
- ½ karotë e prerë në shkrepse
- ¼ lakër, e prerë hollë
- 1 kastravec i vogël, i prerë në feta hollë në një kënd
- 2 lugë gjelle spec djegës koreano-amerikan
- 1 thelpi hudhër, i grirë imët
- 2 lugë gjelle uthull vere orizi
- 2 lugë pastë djegës koreano-amerikane
- 1 lugë gjelle ekstrakt kumbulle koreano-amerikane
- 1 qepë, e grirë
- 1 luge sheqer
- 1 lugë gjelle fara susami të thekur
- Petë të holla gruri ose vermiçeli koreano-amerikane

DREJTIMET
a) Kulloni kërmijtë e detit, por mbani 1 lugë gjelle nga lëngu, nëse copat janë të mëdha të prera në gjysmë.
b) Përdorni një tas të madh dhe shtoni karotat, lakrën, kastravecin, kërmijtë dhe qepën, vendosini në njërën anë.
c) Më pas, merrni një tas më të vogël dhe përzieni së bashku pastën djegës, sheqerin, hudhrën, thekonet e djegës, ekstraktin e kumbullës, uthullën, lëngun e kërmillit dhe farat e susamit për salcën.
d) Hidhni perimet me lugë dhe përziejini mirë, vendosini në frigorifer ndërkohë që gatuani petët.

5. Shtoni petët në ujë të vluar dhe gatuajeni sipas udhëzimeve në pako.
6. Kur të jetë gati, freskojeni nën ujë të rrjedhshëm dhe kullojeni.
7. Kur të jenë gati për t'u servirur i përziejmë të dyja bashkë dhe shijojmë.

30. Petë pikante Soba

Koha e përgatitjes: minuta
Koha e gatimit: minuta
Shërbimet: 8-10 persona

PËRBËRËSIT

- ½ rrepkë koreano-amerikane ose daikon, i prerë në shirita 2 inç, ½ inç i gjerë
- 1 pako petë koreano-amerikane soba
- 1 lugë gjelle kripë
- 1 kastravec aziatik, i përgjysmuar, i prerë dhe i prerë në një kënd
- 2 luge uthull
- 4 vezë të ziera, të përgjysmuara
- 2 luge sheqer

PËR salcë

- ¼ filxhan salcë soje
- ½ qepë mesatare, e qëruar dhe e prerë në kubikë
- ½ filxhan ujë
- 1 thelpi hudhër
- ½ mollë, e qëruar dhe e prerë në kubikë
- 3 lugë ujë ose lëng ananasi
- 3 feta ananasi të barabarta me mollën
- ⅓ filxhan sheqer kaf
- 1 filxhan flakë djegës koreano-amerikane
- 3 lugë mjaltë
- ¼ filxhan sheqer të bardhë
- ½ lugë çaji xhenxhefil pluhur
- 1 lugë gjelle fara susami të thekur
- 1 lugë çaji kripë
- 2 lugë vaj susami
- 1 lugë çaji mustardë koreano-amerikane ose Dijon

DREJTIMET

a) Për të bërë salcën përzieni së bashku në një tigan salcën e sojës me ½ filxhan ujë dhe zieni.
b) Pasi të vlojë hiqeni zjarrin dhe lëreni në njërën anë.
c) Shtoni qepën, hudhrën, mollën, ananasin dhe 3 lugë ujë ose lëng në blender, pulsoni derisa të arrihet një pure.
d) Përzieni përzierjen e puresë në salcën e sojës dhe shtoni pjesën tjetër të përbërësve të salcës.
e) Hidheni përzierjen në një enë hermetike dhe vendoseni në frigorifer për 24 orë.
f) Në një enë vendosim sheqerin, rrepkën, kripën dhe uthullën dhe i lëmë për 15-20 minuta, pasi të kemi shtrydhur lëngun e tepërt nga përzierja.
g) Vendoseni petën në ujë të vluar dhe gatuajeni sipas udhëzimeve, pasi të keni përfunduar, freskoni nën ujë të ftohtë.
h) Kur e servirni, shtoni petën në pjata, hidhni 3 lugë salcë dhe përfundoni me rrepkë dhe kastravec sipër.
i) Nëse petët janë të gjata mund të priten me gërshërë.

31. Petë koreano-amerikane me perime

Koha e përgatitjes: 15 minuta
Koha e gatimit: 20 minuta
Shërbimet: 4 persona

PËRBËRËSIT

3 lugë vaj susami aziatik
Petë me fije të hollë fasule prej 6 oce
3 lugë sheqer
½ filxhan tamari
1 lugë gjelle vaj lulekuqe
1 lugë gjelle hudhër të grirë
3 karota mesatare, të prera në shkrepse ⅛ të trasha
3 gota spinaq bebe
1 qepë mesatare, e prerë në ⅛ feta
¼ kile kërpudha, të prera në ⅛ feta

DREJTIMET

1. Vendosni petët në ujë dhe ziejini për 10 minuta që të zbuten dhe më pas kullojini.
2. Petët i shtojmë në ujë të vluar për 2 minuta, sapo të zbuten, i kullojmë dhe i freskojmë nën ujë të ftohtë.
3. Hidhni sheqerin, vajin e susamit dhe hudhrën në një blender dhe pulsoni derisa të jenë të lëmuara.
4. Më pas shtoni vajin në një tigan 12 inç, pasi të fillojë të pijë duhan, shtoni karotat me qepët dhe skuqini për 3 minuta.
5. Tani shtoni kërpudhat për 3 minuta të tjera, përzieni spinaqin për 30 sekonda, më pas petët.
6. Hidhni përzierjen e tamarit dhe përzieni së bashku.
7. Ulni zjarrin dhe ziejini në temperaturë të ulët për 4 minuta.
8. Shërbejeni të ngrohtë ose të ftohtë.

USHQIMI DHE SNACKS NË RRUGË

32. Hotteok me perime dhe petë

Koha e përgatitjes: 30 minuta
Koha e gatimit: 5 minuta
Shërbimet: 10 persona

PËRBËRËSIT
PËR BRUMIN
- 2 lugë çaji maja e thatë
- 1 gotë ujë të ngrohtë
- ½ lugë çaji kripë
- 2 gota miell për të gjitha përdorimet
- 2 luge sheqer
- 1 lugë gjelle vaj vegjetal

PËR MBUSHJE
- 1 luge sheqer
- Petë me niseshte me patate të ëmbël 3 ons
- ¼ lugë çaji piper i zi i bluar
- 2 lugë salcë soje
- 3 ons qiqra aziatike, të prera të vogla
- 1 qepë mesatare, të prerë në kubikë të vegjël
- 1 lugë çaji vaj susami
- Karrota 3 ons, e prerë në kubikë të vegjël
- Vaj për gatim

DREJTIMET
a) Për të bërë brumin, përzieni së bashku sheqerin, majanë dhe ujin e ngrohtë në një enë, përzieni derisa majaja të shkrihet, tani përzieni 1 lugë gjelle vaj vegjetal dhe kripën, përzieni mirë.

b) Hidhni miellin dhe përziejeni në një brumë, pasi të jetë i qetë, lëreni të pushojë për 1 ¼ orë që të fryhet, fshini ajrin ndërsa ngrihet, mbulojeni dhe vendoseni në njërën anë.

c) Ndërkohë ziejmë një tenxhere me ujë dhe ziejmë petët, i përziejmë herë pas here, i ziejmë për 6 minuta me kapak.

d) Rifreskojini nën ujë të ftohtë kur të zbuten dhe më pas kullojini.
e) Pritini ato në copa ¼ inç, duke përdorur gërshërë.
f) Shtoni 1 lugë vaj në një tigan të madh ose wok dhe skuqni petët për 1 minutë, tani shtoni sheqer, salcë soje dhe piper të zi duke i trazuar.
g) Shtoni qiqrat, karotën dhe qepën dhe përziejini mirë.
h) Hiqeni zjarrin kur të keni mbaruar.
i) Më pas, vendosni 1 lugë vaj në një tigan tjetër dhe ngrohni, pasi të nxehet, zvogëloni nxehtësinë në mesatare.
j) Lyejeni dorën me vaj, merrni ½ filxhan nga brumi dhe shtypeni në formë të rrumbullakët të sheshtë.
k) Tani shtoni pak mbushje dhe palosni skajet në një top, duke mbyllur skajet.
l) Vendoseni në tigan me fundin e mbyllur poshtë, gatuajeni për 30 sekonda, më pas kthejeni dhe ngjeshni poshtë në mënyrë që të bëhet rreth 4 inç i rrumbullakët, bëjeni këtë me një shpatull.
m) Gatuani edhe për 2-3 minuta të tjera, derisa të bëhet krokante dhe e artë.
n) Vendoseni në letër kuzhine për të hequr yndyrën e tepërt dhe përsëriteni me pjesën e mbetur të brumit.
o) Shërbejeni të nxehtë.

33. Bukë me vezë

<u>Koha e përgatitjes: 10 minuta</u>

Koha e gatimit: 15 minuta

Shërbimet: 3 persona

PËRBËRËSIT

- 3 lugë sheqer
- 1 lugë çaji pluhur pjekjeje
- 1 lugë gjelle gjalpë pa kripë, i shkrirë
- ½ filxhan miell për të gjitha përdorimet
- Një majë kripë
- ½ lugë çaji ekstrakt vanilje
- 4 vezë
- 1 shkop djathë mocarela e prerë në 6 pjesë
- ½ filxhan qumësht
- 1 lugë çaji vaj gatimi

DREJTIMET

a) Përziejini së bashku kripën, miellin, sheqerin, gjalpin, vaniljen, 1 vezë, pluhurin për pjekje dhe qumështin, i rrahim derisa të bëhet një masë homogjene.

b) Ngrohni sobën në 400°F dhe lyeni me vaj 3 tepsi të vogla buke, format duhet të jenë rreth 4×2×1 ½ inç.

c) Derdhni brumin në tepsi në mënyrë të barabartë, duke i mbushur ato ½.

d) Vendosni 2 copa djathi në përzierje nga jashtë duke e lënë mesin të pastër.

e) Më pas, thyeni 1 vezë në qendër të secilës kuti.

f) Gatuani në furrë, duke përdorur raftin e mesëm për 13-15 minuta, në varësi të mënyrës sesi ju pëlqen të gatuhen vezët.

g) Merrni kur të jetë gati dhe shërbejeni të nxehtë.

34. Tortë me oriz të nxehtë dhe pikante

Koha e përgatitjes: 10 minuta
Koha e gatimit: 30 minuta
Shërbimet: 4-6 persona

PËRBËRËSIT
- 4 gota ujë
- leshterik i tharë 6×8 inç
- Tortë orizi 1 kile në formë cilindri
- 7 açuge të mëdha, të pastruara
- ⅓ filxhan pastë me spec djegës koreano-amerikan
- 3 qepë, të prera në gjatësi 3 inç
- 1 luge sheqer
- ½ paund ëmbëlsira peshku
- 1 lugë gjelle thekon piper djegës
- 2 vezë të ziera

DREJTIMET
a) Vendosni leshterikët dhe açugat në një tigan të cekët me ujë dhe nxehtësi, duke i zier për 15 minuta pa kapak.
b) Duke përdorur një tas të vogël, përzieni së bashku thekonet e piperit dhe ngjisni me sheqerin.
c) Nxirrni leshterikët dhe açugat nga tigani dhe vendosni tortën me oriz, përzierjen e piperit, qepët, vezët dhe ëmbëlsirat e peshkut.
d) Masa duhet të jetë rreth 2 ½ gota.
e) Ndërsa fillon të ziejë, përzieni së bashku butësisht dhe lëreni të trashet për 14 minuta, tani duhet të duket me shkëlqim.
f) Shtoni pak ujë shtesë nëse keku i orizit nuk është i butë dhe gatuajeni edhe pak.
g) Pasi të jetë gati fikeni zjarrin dhe shërbejeni.

35. Petulla koreano-amerikane me ushqim deti

Koha e përgatitjes: 15 minuta
Koha e gatimit: 10 minuta
Shërbimet: 4-6 persona

PËRBËRËSIT
PËR PETULLAT
- 2 vezë të mesme
- 2 gota përzierje petullash, koreano-amerikane
- ½ lugë çaji kripë
- 1 ½ filxhan ujë
- molusqe 2 ons
- 12 rrënjë qepë mesatare, të prera
- 2 ons kallamar
- ¾ filxhan vaj vegjetal
- Karkaleca 2 ons ', pastruar dhe deveined
- 4 speca djegës të mesëm, të prera në feta në një kënd

PËR salcë
- 1 luge uthull
- 1 lugë gjelle salcë soje
- 4 speca djegës të mesëm, të prera në feta në një kënd
- ¼ lugë çaji hudhër
- 1 lugë gjelle ujë

DREJTIMET
a) Shtoni pak kripë në një tas me ujë dhe lani dhe kulloni frutat e detit, vendosini anash.
b) Më pas, përzieni së bashku duke përdorur një tas të veçantë, ujin, specat djegës të kuq dhe jeshil, salcën e sojës, hudhrën dhe uthullën, vendosini në njërën anë.
c) Duke përdorur një enë tjetër rrihni së bashku vezët, përzierjen e petullave, ujin e ftohtë dhe kripën deri sa të bëhet një masë kremoze.
d) Vendoseni në një tigan me pak yndyrë dhe ngrohni.

e) Përdorni një masë ½ filxhani dhe derdhni përzierjen në tiganin e nxehtë.
f) Lëvizni për të niveluar përzierjen, tani vendosni sipër 6 copa qepë, shtoni specat djegës dhe ushqimet e detit.
g) Shtypni pak ushqimin në petulla, më pas shtoni një filxhan tjetër të përzierjes sipër.
h) Gatuani derisa baza të marrë ngjyrë të artë, rreth 5 minuta.
i) Tani kthejeni butësisht petullën, duke shtuar pak vaj rreth buzës dhe gatuajeni edhe për 5 minuta të tjera.
j) Pasi të keni mbaruar kthejeni prapa dhe nxirreni nga tigani.
k) Bëni të njëjtën gjë me brumin e mbetur.

36. Sanduíç Vegan Bulgogi

Koha e përgatitjes: 20 minuta

Koha e gatimit: 5-8 minuta
Shërbimet: 4 persona

PËRBËRËSIT
- ½ qepë mesatare, e prerë në feta
- 4 simite të vogla hamburgeri
- 4 gjethe marule të kuqe
- 2 gota kaçurrela soje
- 4 feta djathë vegan
- Majonezë organike

PËR MARINADËN
- 1 lugë gjelle vaj susami
- 2 lugë salcë soje
- 1 lugë çaji fara susami
- 2 lugë gjelle agave ose sheqer
- ½ lugë çaji piper i zi i bluar
- 2 qepë, të grira
- ½ dardhë aziatike, e prerë në kubikë, nëse dëshironi
- ½ lugë gjelle verë e bardhë
- 1-2 speca djegës të gjelbër koreano-amerikane, të prera në kubikë
- 2 thelpinj hudhre, te shtypura

DREJTIMET
a) Bëni kaçurrelat e sojës sipas udhëzimeve në paketë.
b) Më pas, vendosni të gjithë përbërësit për marinadën së bashku në një tas të madh dhe përzieni për të formuar salcën.
c) Hiqni ujin nga kaçurrelat e sojës duke e shtrydhur butësisht.
d) Shtoni kaçurrelat me qepën e prerë në feta në përzierjen e marinadës dhe lyeni të gjithë.

e) Shtoni 1 lugë gjelle vaj në tiganin e nxehtë, më pas shtoni të gjithë përzierjen dhe skuqeni për 5 minuta, derisa qepët dhe kaçurrelat të marrin ngjyrë të artë dhe salca të trashet.
f) Nderkohe theksojme simitet e hamburgerit me djathin mbi buke.
g) Lyeni majonezën, më pas përzieni për kaçurrela dhe përfundoni me gjethe marule sipër.

37. Tortë me proshutë dhe vezë koreano-amerikane

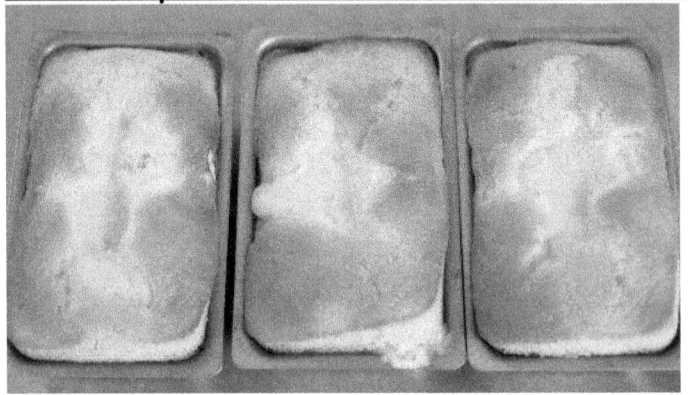

Koha e përgatitjes: 25 minuta
Koha e gatimit: 15 minuta
Shërbimet: 6 persona

PËRBËRËSIT
Për bukën
½ filxhan qumësht
¾ filxhani miell që ngrihet vetë ose shumë miell me ¼ lugë çaji pluhur pjekjeje
4 lugë çaji sheqer
1 vezë
1 lugë çaji gjalpë ose vaj ulliri
¼ lugë çaji kripë
¼ lugë çaji esencë vanilje
Për mbushjen
1 fetë proshutë
Kripë për shije
6 vezë

DREJTIMET
1. Nxehni sobën në 375°F.
2. Përziejini së bashku duke përdorur një tas, ¼ lugë çaji kripë, miell dhe 4 lugë çaji sheqer.
3. Thyejeni vezën në përzierje dhe përzieni mirë.
4. Hidhni qumështin ngadalë, një sasi të vogël, derisa të bëhet i trashë.
5. Lyejeni me yndyrë një tepsi për pjekje, më pas vendosni përzierjen e miellit mbi tepsinë duke e formuar në 6 ovale ose mund të përdorni gota letre për kek.
6. Nëse i jepni formë, bëni vrima të vogla në secilën prej tyre dhe çani një vezë në secilën vrimë ose sipër çdo filxhani keku.

7. Prisni proshutën dhe spërkatni sipër secilës, nëse keni majdanoz të dobishëm shtoni edhe pak.
8. Gatuani për 12-15 minuta.
9. Nxirreni dhe shijoni.

38. Oriz Curry Koreano-Amerikane

Koha e përgatitjes: 20 minuta
Koha e gatimit: 30 minuta
Shërbimet: 4 persona

PËRBËRËSIT
- 1 karotë mesatare, e qëruar dhe e prerë në kubikë
- 7 okë mish viçi, i prerë në kubikë
- 2 qepë, të grira
- 2 patate të qëruara dhe të prera në kubikë
- ½ lugë çaji pluhur hudhër
- Erëza për shije
- 1 kungull i njomë mesatar, i prerë në kubikë
- Vaj vegjetal për gatim
- Përzierje e salcës së karit me 4 ons

DREJTIMET
a) Vendosni pak vaj në një wok ose një tigan të thellë dhe ngrohni.
b) Rregulloni mishin e viçit dhe vendosni vajin duke e trazuar dhe gatuar për 2 minuta.
c) Më pas shtoni qepët, patatet, hudhrën pluhur dhe karotat, skuqini edhe për 5 minuta të tjera, më pas shtoni kungull i njomë.
d) Hidhni 3 gota ujë dhe ngroheni derisa të fillojë të vlojë.
e) Ulni zjarrin dhe ziejini në temperaturë të ulët për 15 minuta.
f) Ngadalë shtoni përzierjen e kerit derisa të bëhet e trashë.
g) Hidhni orizin dhe shijojeni.

39. Roll me vezë Zebra

Koha e përgatitjes: minuta
Koha e gatimit: minuta
Shërbimet: 1 person

PËRBËRËSIT
- ¼ lugë çaji kripë
- 3 vezë
- Vaj për gatim
- 1 lugë gjelle qumësht
- 1 fletë alga deti

DREJTIMET
a) Thyejeni fletën e algave të detit në copa.
b) Tani thyeni vezët në një tas dhe shtoni kripën me qumështin, i rrahim së bashku.
c) Vendosim një tigan në sobë dhe ngrohim me pak vaj, është më mirë nëse keni një tigan që nuk ngjit.
d) Hidhni vezë aq sa të mbulojë bazën e tiganit dhe më pas pudrosni me alga deti.
e) Pasi veza të jetë gatuar përgjysmë, rrotullojeni dhe shtyjeni në anë të tiganit.
f) Më pas rilyeni nëse është e nevojshme dhe rregulloni nxehtësinë nëse është shumë e nxehtë, vendosni një shtresë tjetër të hollë veze dhe përsëri pluhurosni me farën, tani rrotullojeni të parën përgjatë gatimit dhe vendoseni në anën tjetër të tiganit.
g) Përsëriteni këtë derisa veza të përfundojë.
h) Hidheni në një dërrasë dhe prisni në feta.

40. Ëmbëlsira me arrat e sipërme koreano-amerikane me sobë

Koha e përgatitjes: 10 minuta
Koha e gatimit: 10 minuta
Shërbimet: 12 persona

PËRBËRËSIT
- 1 kanaçe fasule të kuqe azuki
- 1 filxhan përzierje petullash ose përzierje vaffle
- 1 lugë çaji ekstrakt vanilje
- 1 luge sheqer
- 1 pako me arra

DREJTIMET
a) Bëni përzierjen e petullave sipas udhëzimeve të paketës me sheqerin shtesë.
b) Pasi përzierja të jetë gati vendoseni në një enë me hundëz.
c) Duke përdorur 2 tava për ëmbëlsira, nëse nuk keni, mund të përdorni format e kifleve, ngrohni në sobë në një temperaturë të ulët, ato do të digjen shumë.
d) Përzierjen e shtoni në tepsinë e parë, por mbusheni vetëm përgjysmë.
e) Shtoni me shpejtësi 1 arrë dhe 1 lugë çaji fasule të kuqe në secilin vend pjesën tjetër të përzierjes në tepsi tjetër.
f) Më pas përmbysni tepsinë e parë mbi pjesën e sipërme të së dytës, duke rreshtuar kallëpet, gatuajeni edhe për 30 sekonda të tjera, pasi kallaji i dytë të jetë gatuar hiqeni nga zjarri.
g) Tani hiqni tepsinë e sipërme dhe më pas hiqni ëmbëlsirat në pjatën e servirjes.

41. Sanduiç me dolli në rrugë

Koha e përgatitjes: 15 minuta

Koha e gatimit: 8 minuta

Shërbimet: 2 persona

PËRBËRËSIT

- ⅔ filxhan lakër, të prerë në shirita të hollë
- 4 feta buke te bardhe
- 1 lugë gjelle gjalpë të kripur
- ⅛ filxhan karrota, të prera në shirita të hollë
- 2 vezë
- ¼ lugë çaji sheqer
- ½ filxhan kastravec, i prerë hollë
- Ketchup për shije
- 1 lugë gjelle vaj gatimi
- Majonezë për shije
- ⅛ lugë çaji kripë

DREJTIMET

a) Në një tas të madh thyeni vezët me kripën, më pas shtoni karotat dhe lakrën duke i përzier së bashku.

b) Vendosni vajin në një tigan me anë të thellë dhe ngrohni.

c) Shtoni gjysmën e përzierjes në tigan dhe bëni 2 forma petike duke i mbajtur të ndara.

d) Tani shtoni përzierjen e mbetur të vezëve mbi pjesën e sipërme të 2 në tigan, kjo do të japë një formë të mirë.

e) Gatuani për 2 minuta më pas kthejeni dhe gatuajeni edhe për 2 minuta të tjera.

f) Shpërndani gjysmën e gjalpit në një tigan të veçantë, sapo të nxehet vendoseni në dy nga fetat e bukës dhe rrokullisni në mënyrë që të dy anët të thithin gjalpin, vazhdoni të gatuani derisa të marrë ngjyrë të artë nga të dyja anët, rreth 3 minuta.

7. Përsëriteni me 2 fetat e tjera.
8. Pasi të jetë gatuar vendoseni në pjatat e servirjes dhe shtoni ½ sheqer në secilën.
9. Merrni përzierjen e vezëve të skuqura dhe vendoseni mbi bukë.
10. Shtoni kastravecin dhe vendosni ketchup-in dhe majonezën.
11. Vendoseni fetën tjetër të bukës sipër dhe priteni në dy pjesë.

42. Perime të skuqura thellë

Koha e përgatitjes: minuta
Koha e gatimit: minuta
Shërbimet: 15 persona

PËRBËRËSIT
- 1 djegës i freskët i kuq, i prerë në gjysmë nga lart poshtë
- 1 karotë e madhe e qëruar dhe e prerë në $\frac{1}{8}$ shkopinj
- 2 tufa kërpudha enoki, të ndara
- 1 kungull i njomë, i prerë në $\frac{1}{8}$ shkopinj
- 4 qepë, të prera në gjatësi 2 inç
- 6 thelpinj hudhre, te prera holle
- 1 patate e ëmbël mesatare, e prerë në shkopinj
- 1 patate mesatare, e prerë në shkopinj
- Vaj vegjetal për tiganisje

PËR RRITJEN
- $\frac{1}{4}$ filxhan niseshte misri
- 1 filxhan miell për të gjitha përdorimet
- 1 vezë
- $\frac{1}{4}$ filxhan miell orizi
- 1 $\frac{1}{2}$ filxhan ujë të ftohtë me akull
- $\frac{1}{2}$ lugë çaji kripë

PËR salcë
- 1 thelpi hudhër
- $\frac{1}{2}$ filxhan salcë soje
- 1 qepë
- $\frac{1}{2}$ lugë çaji uthull orizi
- $\frac{1}{4}$ lugë çaji vaj susami
- 1 lugë çaji sheqer kaf

DREJTIMET
a) Vendosni një tenxhere me ujë të ziejë.

b) Karotat, dhe të dyja llojet e patateve i vendosim në ujë, i heqim zjarrin dhe i lëmë për 4 minuta, më pas i heqim nga uji i shpëlajmë, i kullojmë dhe i thajmë me letër kuzhine.
c) Përziejini së bashku qepët, kungull i njomë, hudhrën dhe specin e kuq në një tas dhe hidhini mirë.
d) Për përzierjen e brumit, të gjithë përbërësit e thatë.
e) Tani rrihni ujin dhe vezët së bashku, më pas shtoni në përbërësit e thatë dhe përzieni mirë në një brumë.
f) Më pas, bëni salcën duke rrahur së bashku sheqerin, uthullën, sojen dhe vajin e susamit.
g) Pritini imët qepën dhe hudhrën, më pas përzieni në përzierjen e sojës.
h) Shtoni vaj të mjaftueshëm në një wok ose tigan të thellë, vaji duhet të jetë rreth 3 inç i thellë.
i) Pasi vaji të jetë nxehtë, kalojini perimet përmes brumit, lërini të pikojë teprica dhe më pas skuqini për 4 minuta.
j) Kullojeni dhe thajeni në letër kuzhine kur të jetë gati.
k) Shërbejeni me salcë.

DESERTA

43. Petulla të ëmbla koreano-amerikane

Koha e përgatitjes: 25 minuta
Koha e gatimit: 6 minuta
Shërbimet: 8 persona

PËRBËRËSIT
1 lugë gjelle sheqer të grimcuar
1 ¾ filxhan miell buke
2 ¼ lugë çaji maja e menjëhershme
1 ¼ filxhan miell orizi të ëmbël
1 lugë gjelle vaj vegjetal
1 lugë çaji kripë
5 lugë vaj, për skuqje
1 ½ filxhan qumësht të vakët
Për mbushjen
1 lugë çaji kanellë
⅔ filxhan sheqer kaf
2 lugë arra të grira imët sipas zgjedhjes suaj

DREJTIMET
1. Duke përdorur një tas të madh, përzieni majanë, miellin, sheqerin dhe kripën, përzieni mirë.
2. Tani vendosni 1 lugë vaj në qumësht dhe përzieni në përzierjen e thatë, rrihni për 2 minuta më pas vendosni një leckë sipër dhe pushoni në dhomë për 60 minuta.
3. Pasi të jetë dyfishuar në përmasa, kthejeni prapa dhe pushoni përsëri për 15 minuta.
4. Ndërkohë, përzieni së bashku **PËRBËRËSIT E MBUSHJES** dhe vendosini anash.
5. Ndani përzierjen e brumit në 8 pjesë, lyeni duart me yndyrë dhe vendosni 1 copë në dorë dhe shtyjeni poshtë për të formuar një disk, rreth 4 inç i gjerë.

6. Shtoni 1 ½ lugë gjelle përzierje sheqeri në mes, tani palosni skajet në qendër dhe mbylleni.

7. Shtoni vajin në tigan dhe ngroheni në një temperaturë mesatare deri në të ulët.

8. Vendoseni topin në vajin e nxehtë me anën e mbyllur poshtë, më pas shtypeni që të rrafshohet, për këtë mund të përdorni një shpatull.

9. Nëse zbuloni ndonjë vrimë, përdorni pak brumë për t'i mbyllur ato.

10. Gatuani për 3 minuta, pasi të jetë krokante, rrokulliset dhe gatuajeni edhe për 3 minuta të tjera.

11. Nxirreni kur të ketë marrë ngjyrë të artë.

12. Lëreni të ftohet pak para se të hani, qendra e sheqerit do të jetë e nxehtë.

44. Dardha të pjekura me mjaltë koreano-amerikane

Koha e përgatitjes: 5 minuta
Koha e gatimit: 20 minuta
Shërbimet: 4 persona

PËRBËRËSIT
- ½ ons xhenxhefil të freskët, të qëruar dhe të prerë hollë
- 1 kile dardha koreano-amerikane, të qëruara
- 24 kokrra piper te zi
- 3 gota ujë
- 2 lugë sheqer ose mjaltë
- Arra pishe për të përfunduar nëse dëshironi

DREJTIMET
a) Vendosni ujin në një tigan dhe shtoni xhenxhefilin, ngrohni derisa të vlojë dhe lëreni për 6-8 minuta.
b) Ndërkohë i presim dardhat në 8 feta.
c) Tani shtyni 3 kokrra piper në secilën pykë dardhe, duke u siguruar që të hyjnë menjëherë dhe të mos bien.
d) Hiqeni xhenxhefilin nga uji dhe hidhni sheqerin ose mjaltin dhe dardhat, ziejini për 10 minuta.
e) Pasi të jetë gati nxirreni dhe ftohet, më pas vendoseni në frigorifer të ftohet.
f) Shërbejeni të ftohtë ose mund të shërbehet e nxehtë nëse dëshironi, pudrosni me arra nëse përdorni.

45. Sorbet i akullit të qumështit koreano-amerikan

Koha e përgatitjes: 3 minuta
Koha e gatimit: 3 minuta
Shërbimet: 2 persona

PËRBËRËSIT
- 2 lugë ëmbëlsira me oriz mini mochi
- 2 lugë pastë fasule të kuqe të ëmbëlsuar
- 4 lugë çaji pluhur me shumë kokrra koreano-amerikane
- 2-3 copë ëmbëlsira orizi të ngjitur koreano-amerikane, të lyera me pluhur sojë të pjekur, të prerë në kube ¾ inç
- 4 lugë çaji thekon bajame natyrale
- Për akullin
- 2 lugë qumësht i kondensuar, i ëmbëlsuar
- 1 filxhan qumësht

DREJTIMET
a) Përzieni qumështin e kondensuar dhe qumështin në një filxhan me një buzë për t'u derdhur.
b) Vendoseni përzierjen në një tabaka akulli dhe ngrijeni derisa të bëhet blloqe akulli, rreth 5 orë.
c) Pasi të jenë vendosur, hiqini dhe vendosini në një blender, ose nëse mund t'i rruani, pulsoni derisa të jenë të lëmuara.
d) Vendosni të gjithë përbërësit në një tas për servirje që është ftohur.
e) Në bazë vendosni 3 lugë sherbet, më pas pudrosni me 1 lugë çaji pluhur multi kokrra.
f) Më pas shtoni 3 lugë të tjera nga sherbeti, e më pas shtoni pluhur kokërr.
g) Tani vendosni sipër ëmbëlsirat me oriz dhe pastën e fasules.
h) E pudrosim me bajame dhe e servirim.

46. Skewers Koreano-Amerikane Oriz Torte

Koha e përgatitjes: 10 minuta
Koha e gatimit: 10 minuta
Shërbimet: 4 persona

PËRBËRËSIT
PËR KRYESORE
- Vaj për gatim
- 32 copë ëmbëlsira orizi koreano-amerikane
- 2 lugë arra të grimcuara sipas dëshirës tuaj ose fara susami

PËR salcë
- 1 lugë mjaltë
- 1 ½ lugë salcë domate
- 1 lugë çaji sheqer kafe të errët
- 1 lugë gjelle pastë djegës koreano-amerikane
- ½ lugë salcë soje
- ¼ lugë çaji hudhër të grirë
- 1 lugë çaji vaj susami

DREJTIMET
a) Shtoni ëmbëlsirat e orizit në ujë të vluar për t'i zbutur vetëm për 30 sekonda, më pas i shpëlani me ujë të ftohtë dhe i kulloni.
b) Duke përdorur letër kuzhine thajini ato nga uji i tepërt.
c) Vendosni një tigan të dytë në sobë dhe shtoni përbërësit e salcës , ngrohni dhe përzieni që të shkrihet sheqeri ose mjalti, vazhdoni të përzieni që të mos digjet, hiqeni kur të jetë i trashë.
d) Vendosini ëmbëlsirat në një hell, duke u siguruar që të përshtatet në tiganin tuaj.
e) Ngrohni pak vaj në një tigan, vendoseni sapo të nxehtë në hell dhe skuqeni për 1 minutë.
f) E nxjerrim dhe e lyejmë me salcë të gjithë.
g) Përfundoni me farat e susamit ose arra.

47. Tortë me role koreano-amerikane me kivi me luleshtrydhe

Koha e përgatitjes: 30 minuta
Koha e gatimit: 15 minuta
Shërbimet: 8 persona

PËRBËRËSIT
- 1 filxhan sheqer
- 11 lugë miell për të gjitha përdorimet
- 1 lugë gjelle ujë
- 6 vezë të mëdha
- 1 lugë gjelle ujë të nxehtë
- 2 gota krem të rëndë
- 3 lugë vaj vegjetal
- 1 lugë çaji ekstrakt vanilje
- 1 filxhan luleshtrydhe, të copëtuara
- 2 lugë mjaltë
- 1 filxhan kivi, i prerë

DREJTIMET
a) Nxehni sobën në 375°F dhe vendosni letër pergamene në një tepsi 16×11.
b) Kaloni miellin përmes një sitë në një tas për përzierje.
c) Rrahim të bardhat e vezëve për 60 sekonda derisa të bëhet shkumë, më pas shtojmë ngadalë sheqerin dhe i rrahim derisa të arrijë majat, nëse keni një mikser elektrik do të ishte më mirë.
d) Më pas, shtoni butësisht të verdhat një nga një duke i rrahur për 60 sekonda në mes duke i shtuar, pasi të jenë futur të gjitha shtoni ujin dhe vajin, rrihni përsëri për 10 sekonda.
e) Tani përzieni miellin ngadalë dhe përzieni mirë.
f) Shtoni përzierjen e kekut në tepsi dhe hidheni tepsi disa herë për të hequr ajrin.
g) Gatuani në furrë për 12-15 minuta.

h) Kur të jetë gati, nxirreni dhe vendosni sipër letër pergamene, pastaj kthejeni, hiqni letrën nga baza dhe vendoseni në një raft ftohjeje.
i) Ndërsa mbetet e ngrohtë rrotullojeni duke përdorur letër furre, duke e lënë brenda rrotullës së kekut.
j) Lëreni të ftohet edhe për 10 minuta të tjera.
k) Ndërsa prisni, përzieni mjaltin dhe ujin dhe vendoseni anash.
l) Rrahim kremin me vaniljen dhe pjesën tjetër të sheqerit derisa të marrë maksimum.
m) Më pas merrni tortën dhe shpalosni atë, hiqni letrën dhe prisni njërën skaj në një kënd, për pamje të përfunduar.
n) Lyeni me mjaltë sipër tortës dhe më pas kremin.
o) Shtoni kivin dhe luleshtrydhet, më pas rrotullojeni, mbajeni të rrumbullakët duke vendosur letër furre nga jashtë.
p) Lëreni në frigorifer për 20 minuta që të mbajë formën.
q) Merrni një fetë dhe shërbejeni.

48. Ëmbëlsirë koreano-amerikane Yakwa

Koha e përgatitjes: 25 minuta
Koha e gatimit: 35 minuta
Shërbimet: 6-8 persona

PËRBËRËSIT
- $\frac{1}{4}$ filxhan soju
- 2 $\frac{1}{4}$ filxhan miell pastiçerie ose miell me proteina mesatare
- $\frac{1}{4}$ filxhan mjaltë
- $\frac{1}{4}$ filxhan vaj susami
- 1 lugë çaji pluhur pjekjeje
- 2 lugë arra pishe të copëtuara
- $\frac{1}{8}$ lugë çaji kripë
- 2 lugë gjalpë të shkrirë
- $\frac{1}{4}$ lugë çaji sodë buke
- Për shurupin
- 2 gota ujë
- 1 filxhan shurup orizi
- 1 lugë gjelle xhenxhefil të freskët të grirë
- 1 filxhan mjaltë

DREJTIMET
a) Nxehni sobën në 250°F.
b) Vendosni kripën, sodën e bukës, pluhurin dhe miellin në një tas dhe përziejini së bashku.
c) Tani shtoni vajin e susamit dhe përdorni duart për t'i përzier së bashku.
d) Duke përdorur një tas më të vogël përzieni mjaltin dhe sojun së bashku, më pas shtoni në përzierjen e brumit, përzieni butësisht.
e) Pasi të keni brumin ndajeni në 2 pjesë.
f) Vendoseni 1 gjysmën në një sipërfaqe pune dhe hapeni në një drejtkëndësh $\frac{1}{4}$ inç të trashë.

g) Priteni në copa 1×1 inç ose mund të priten diagonalisht për të formuar diamante.
h) Vendosni vrima në pjesën e sipërme duke përdorur një pirun dhe lyeni me gjalpë majat e secilës.
i) Vendoseni në një tepsi dhe piqeni në furrë për 15 minuta.
j) Ndërkohë shtoni mjaltin, ujin dhe shurupin e orizit në një tigan ose tigan dhe ngrohni duke e trazuar derisa të vlojë, më pas fikni zjarrin dhe përzieni xhenxhefilin, lëreni anash.
k) Ngroheni sobën në 300°F dhe për 10 minuta të tjera.
l) Tani për herë të fundit kthejeni sobën në 350°F dhe gatuajeni edhe për 7 minuta të tjera, ose derisa të marrë ngjyrë kafe të artë.
m) Pasi t'i nxirrni, hidhini menjëherë në shurup dhe lërini për ½ orë, sa më gjatë, aq më mirë.
n) Hiqeni kur shërbeni dhe pluhurosni me arra pishe.

49. Puding tapioke koreano-amerikane

Koha e përgatitjes: minuta
Koha e gatimit: minuta
Shërbimet: 6 persona

PËRBËRËSIT
2 ½ te verdha veze te medha
3 gota qumësht të plotë
¼ filxhan sheqer
⅓ filxhan perla të vogla tapioke
1 fasule vanilje
¼ lugë çaji ekstrakt i pastër vanilje
3 lugë çaj koreano-amerikan me mjaltë me limon
½ lugë çaji kripë

DREJTIMET
1. Vendoseni qumështin në një mbajtëse me 4 filxhanë, shtoni ¾ filxhan në një tigan me bazë të rëndë dhe vendoseni në tapiokë, lëreni për 60 minuta.
2. Rrahim të verdhat e vezëve, sheqerin dhe kripën, hapim farën e vaniljes dhe i heqim farat, i shtojmë në mbajtësen për 4 filxhanë.
3. Kur tapioka të jetë gati, përzieni në përzierjen e kremës dhe vendoseni në sobë derisa të vlojë, mos harroni ta trazoni.
4. Pasi të vlojë ulni zjarrin dhe ziejini për 20 minuta.
5. Hiqeni zjarrin dhe përzieni ekstraktin e vaniljes me çajin koreano-amerikan.
6. Shërbejeni kur të jeni gati.

50. Tortë me oriz me erëza koreano-amerikane

Koha e përgatitjes: minuta
Koha e gatimit: minuta
Shërbimet: 1 person

PËRBËRËSIT
- 2 lugë çaji sheqer
- 1 filxhan kek me oriz
- 1 lugë çaji salcë soje
- 2 lugë çaji pastë fasule pikante koreano-amerikane
- Farat e susamit për mbarim
- ¾ filxhan ujë

DREJTIMET
a) Shtoni ujin në një tenxhere me pastën e fasules dhe sheqerin, ngroheni derisa të vlojë.
b) Tani hidhni kekun me oriz, ulni zjarrin dhe ziejini në temperaturë të ulët për 10 minuta.
c) Shërbejeni kur të jeni gati.

51. Dardha të pjekura në Crisps Wonton dhe Mjaltë, Mascarpone kanellë

Koha e përgatitjes: 20 minuta
Koha e gatimit: 45 minuta
Shërbimet: 4 persona

PËRBËRËSIT
- ½ lugë çaji kanellë të bluar, të ndarë
- 2 dardha koreano-amerikane
- ½ filxhan plus 1 lugë gjelle mjaltë, të ndarë
- Mbështjellës wonton 4 - 6×6
- ¼ filxhan mascarpone
- 1 ½ lugë gjalpë të shkrirë pa kripë

DREJTIMET
a) Ngroheni sobën në 375°F dhe shtroni një tepsi me letër furre.
b) Prisni ½ inç nga baza dhe pjesa e sipërme e dardhës.
c) Tani qërojini dhe prisni nga mesi horizontalisht, hiqni farat
d) Vendosni mbështjellësit në një sipërfaqe të sheshtë të thatë, shtoni gjysmën e dardhës në secilën mbështjellës dhe spërkatni me kanellë, më pas spërkatni me pak mjaltë rreth 1 lugë gjelle.
e) Ngrini qoshet dhe mbyllini duke përdorur mjaltin.
f) I vendosim në tepsi dhe i gatuajmë në furrë për 45 minuta, nëse peta ka shumë ngjyra, mjafton të mbulohet me pak letër.
g) Përzieni pjesën tjetër të mjaltit, kanellës dhe maskarpones në një përzierje të butë.
h) Shërbejini parcelat me mascarpone.

52. Tortë e shëndetshme e ëmbël me oriz

Koha e përgatitjes: minuta
Koha e gatimit: minuta
Shërbimet: 10 persona

PËRBËRËSIT
- ½ filxhan kabocha të tharë ose lloj tjetër kungulli
- 1 filxhan fasule soje të zezë të njomur
- 10 gështenja të copëtuara
- 12 hurma të thata
- ½ filxhan arra, të prera në katër pjesë
- ⅓ filxhan vakt bajame
- 5 gota miell orizi të njomë të ngrirë, të shkrirë
- 3 lugë sheqer

DREJTIMET
a) Lani rehidratin e kungullit duke përdorur një lugë gjelle ujë, shtoni më shumë nëse është e nevojshme për ta bërë atë të butë.
b) Duke përdorur një tas të madh, përzieni së bashku sheqerin, miellin e bajameve dhe miellin e orizit, përzieni mirë.
c) Tani shtoni 2 lugë ujë dhe duke përdorur duart tuaja fërkojini së bashku, përpiquni ta bëni atë pa gunga.
d) Më pas, përzieni pjesën tjetër të përbërësve dhe i përziejmë së bashku.
e) Vendosni një tigan me avull në sobë dhe përdorni një leckë të lagur për të rreshtuar shportën.
f) Shtoni përzierjen me një lugë të madhe dhe rrafshoni, vendosni një leckë sipër dhe ziejini me avull për ½ orë.
g) Nxirreni kur të jetë gati dhe të ftohet, sapo të mund ta trajtoni të dalë dhe kthejeni mbi një sipërfaqe pune.
h) Hiqeni leckën dhe priteni dhe formësoni në pocionet për servirje.

DREKE E Ngrohte

53. Tasat me burrito me pulë

PËRBËRËSIT
Salcë kremi Chipotle
- ½ filxhan kos grek pa yndyrë
- 1 spec çipotle në salcë adobo, i grirë ose më shumë për shije
- 1 thelpi hudhër, të grirë
- 1 lugë gjelle lëng gëlqereje të freskët të shtrydhur

Burrito Bowl
- ⅔ filxhan oriz kafe
- 1 luge vaj ulliri
- 1 kile pule e bluar
- ½ lugë çaji pluhur djegës
- ½ lugë çaji pluhur hudhër
- ½ lugë çaji qimnon i bluar
- ½ lugë çaji rigon të tharë
- ¼ lugë çaji pluhur qepë
- ¼ lugë çaji paprika
- Kripë Kosher dhe piper i zi i sapo bluar, për shije
- 1 (15 ons) konservë fasule të zeza, të kulluara dhe të shpëlarë
- 1 ¾ filxhan kokrra misri (të ngrira, të konservuara ose të pjekura)
- ½ filxhan pico de gallo (e bërë në shtëpi ose e blerë në dyqan)

DREJTIMET
a) PËR salcën e kremit chipotle: Rrihni së bashku kosin, specin çipotle, hudhrën dhe lëngun e limonit. Mbulojeni dhe vendoseni në frigorifer deri në 3 ditë.
b) Gatuani orizin sipas udhëzimeve të paketimit në një tenxhere të madhe me 2 gota ujë; lënë mënjanë.
c) Ngrohni vajin e ullirit në një tenxhere të madhe ose furrë holandeze mbi nxehtësinë mesatare-të lartë. Shtoni pulën e

bluar, djegësin pluhur, hudhrën pluhur, qimnonin, rigonin, pluhurin e qepës dhe paprikën; I rregullojmë me kripë dhe piper. Gatuani derisa pula të ketë marrë ngjyrë kafe, 3 deri në 5 minuta, duke u kujdesur që ta thërrmoni pulën ndërsa gatuhet; kulloni yndyrën e tepërt.

d) Ndani orizin në enë për përgatitjen e ushqimit. Sipër shtoni përzierjen e bluar të pulës, fasulet e zeza, misrin dhe pico de gallo. Mbahet i mbuluar në frigorifer për 3 deri në 4 ditë. Spërkateni me salcë kremi me çipotle. Zbukuroni me cilantro dhe gëlqere, nëse dëshironi, dhe shërbejeni. Ngroheni në mikrovalë në intervale 30 sekondash derisa të nxehet.

54. Pule tikka masala

PËRBËRËSIT
- 1 filxhan oriz basmati
- 2 lugë gjalpë pa kripë
- 1 ½ paund gjoks pule pa kocka, pa lëkurë, të prera në copa 1 inç
- Kripë Kosher dhe piper i zi i sapo bluar, për shije
- 1 qepë e prerë në kubikë
- 2 lugë pastë domate
- 1 lugë gjelle xhenxhefil të sapo grirë
- 3 thelpinj hudhre, te grira
- 2 lugë çaji garam masala
- 2 lugë çaji pluhur djegës
- 2 lugë çaji shafran i Indisë i bluar
- 1 (28 ons) kanaçe domate të prera në kubikë
- 1 filxhan lëng pule
- ⅓ filxhan krem i trashë
- 1 lugë gjelle lëng limoni të freskët
- ¼ filxhan gjethe të freskëta cilantro të copëtuara (opsionale)
- 1 limon, i prerë në copa (opsionale)

DREJTIMET
a) Gatuani orizin sipas udhëzimeve të paketimit në një tenxhere të madhe me 2 gota ujë; lënë mënjanë.

b) Shkrini gjalpin në një tigan të madh mbi nxehtësinë mesatare. E rregullojmë pulën me kripë dhe piper. Shtoni pulën dhe qepën në tigan dhe gatuajeni, duke i përzier herë pas here, derisa të marrin ngjyrë të artë, për 4 deri në 5 minuta. Përzieni pastën e domates, xhenxhefilin, hudhrën, garam masala, pluhurin djegës dhe shafranin e Indisë dhe gatuajeni derisa të kombinohen mirë, 1 deri në 2 minuta. Përzieni domatet e prera në kubikë dhe lëngun e pulës.

Lëreni të ziejë; zvogëloni zjarrin dhe ziejini, duke e përzier herë pas here, derisa të trashet pak, rreth 10 minuta.

c) Hidhni kremin, lëngun e limonit dhe pulën dhe gatuajeni derisa të nxehet, rreth 1 minutë.

d) Vendoseni përzierjen e orizit dhe pulës në enë për përgatitjen e vaktit. Zbukuroni me cilantro dhe limon, nëse dëshironi, dhe shërbejeni. Mbahet i mbuluar në frigorifer për 3 deri në 4 ditë. Ngroheni në mikrovalë në intervale 30 sekondash derisa të nxehet.

55. Tasat greke të pulës

PËRBËRËSIT
Pulë dhe oriz
- 1 kile gjoks pule pa kocka dhe pa lëkurë
- ¼ filxhan plus 2 lugë vaj ulliri, të ndarë
- 3 thelpinj hudhre, te grira
- Lëng nga 1 limon
- 1 lugë gjelle uthull vere të kuqe
- 1 lugë gjelle rigon të tharë
- Kripë Kosher dhe piper i zi i sapo bluar, për shije
- ¾ filxhan oriz kaf

Sallatë me kastravec
- 2 kastraveca angleze, të qëruara dhe të prera në feta
- ½ filxhan qepë të kuqe të prerë hollë
- Lëng nga 1 limon
- 2 lugë vaj ulliri ekstra të virgjër
- 1 lugë gjelle uthull vere të kuqe
- 2 thelpinj hudhra, të shtypura
- ½ lugë çaji rigon të tharë

Salcë Tzatziki
- 1 filxhan kos grek
- 1 kastravec anglez, i prerë imët
- 2 thelpinj hudhra, të shtypura
- 1 lugë gjelle kopër të freskët të copëtuar
- 1 lugë çaji lëkure limoni të grirë
- 1 lugë gjelle lëng limoni të saposhtrydhur
- 1 lugë çaji mente të freskët të copëtuar (opsionale)
- Kripë Kosher dhe piper i zi i sapo bluar, për shije
- 2 lugë vaj ulliri ekstra të virgjër
- 1 ½ kile domate qershi, të përgjysmuara

DREJTIMET
a) PËR PULËN: Në një qese me zinxhir me madhësi gallon, kombinoni pulën, ¼ filxhan vaj ulliri, hudhrën, lëngun e

limonit, uthullën dhe rigonin; I rregullojmë me kripë dhe piper. Marinojeni pulën në frigorifer për të paktën 20 minuta ose deri në 1 orë, duke e kthyer qesen herë pas here. Kullojeni pulën dhe hidhni marinadën.

b) Ngrohni 2 lugët e mbetura vaj ulliri në një tigan të madh mbi nxehtësinë mesatare-të lartë. Shtoni pulën dhe gatuajeni, duke e rrotulluar një herë, derisa të gatuhet, 3 deri në 4 minuta nga çdo anë. Lëreni të ftohet përpara se ta prisni në copa të vogla.

c) Gatuani orizin në një tenxhere të madhe me 2 gota ujë sipas udhëzimeve të paketimit.

d) Ndani orizin dhe pulën në enë për përgatitjen e ushqimit. Ruhet e mbuluar në frigorifer deri në 3 ditë.

e) PËR Sallatën me Kastravec: Kombinoni kastravecat, qepën, lëngun e limonit, vajin e ullirit, uthullën, hudhrën dhe rigonin në një tas të vogël. Mbulojeni dhe vendoseni në frigorifer deri në 3 ditë.

f) Për salcën TZATZIKI: Kombinoni kosin, kastravecin, hudhrën, koprën, lëkurën dhe lëngun e limonit dhe nenexhikun (nëse përdorni) në një tas të vogël. Spërkateni me kripë dhe piper sipas shijes dhe spërkatni me vaj ulliri. Mbulojeni dhe vendoseni në frigorifer për të paktën 10 minuta, duke lejuar që shijet të bashkohen. Mund të ruhet në frigorifer 3 deri në 4 ditë.

g) Për ta shërbyer, ngrohni orizin dhe pulën në mikrovalë në intervale prej 30 sekondash, derisa të nxehen. Hidhni sipër sallatën me kastravec, domate dhe salcë Tzatziki dhe shërbejeni.

56. **Kupat e mishit të viçit për gatimin e vakteve koreano-amerikane**

PËRBËRËSIT
- ⅔ filxhan oriz të bardhë ose kafe
- 4 vezë të mesme
- 1 luge vaj ulliri
- 2 thelpinj hudhre, te grira
- 4 gota spinaq të grirë

Mish viçi koreano-amerikan
- 3 lugë sheqer kaf të paketuar
- 3 lugë salcë soje me natrium të reduktuar
- 1 lugë gjelle xhenxhefil të sapo grirë
- 1 ½ lugë çaji vaj susami
- ½ lugë çaji sriracha (opsionale)
- 2 lugë çaji vaj ulliri
- 2 thelpinj hudhre, te grira
- 1 kile mish viçi të bluar
- 2 qepë të njoma, të prera hollë (opsionale)
- ¼ lugë çaji fara susami (opsionale)

DREJTIMET
a) Gatuani orizin sipas udhëzimeve të paketimit; lënë mënjanë.

b) Vendosni vezët në një tenxhere të madhe dhe mbulojini me ujë të ftohtë për 1 inç. Lëreni të ziejë dhe gatuajeni për 1 minutë. Mbuloni tenxheren me një kapak të ngushtë dhe hiqeni nga zjarri; lëreni të qëndrojë për 8 deri në 10 minuta. Kullojeni mirë dhe lëreni të ftohet përpara se ta qëroni dhe ta prisni në dysh.

c) Ngrohni vajin e ullirit në një tigan të madh mbi nxehtësinë mesatare-të lartë. Shtoni hudhrën dhe gatuajeni, duke e përzier shpesh, derisa të ketë aromë, 1 deri në 2 minuta. Përzieni spinaqin dhe gatuajeni derisa të thahet, 2 deri në 3 minuta; lënë mënjanë.

d) Për mishin e viçit: Në një tas të vogël, përzieni së bashku sheqerin kaf, salcën e sojës, xhenxhefilin, vajin e susamit dhe sriracha, nëse përdorni.
e) Ngrohni vajin e ullirit në një tigan të madh mbi nxehtësinë mesatare-të lartë. Shtoni hudhrën dhe gatuajeni, duke e përzier vazhdimisht, derisa të marrë aromë, rreth 1 minutë. Shtoni mishin e grirë dhe gatuajeni derisa të marrë ngjyrë kafe, 3 deri në 5 minuta, duke u kujdesur që të thërrmoni viçin ndërsa gatuhet; kulloni yndyrën e tepërt. Përzieni përzierjen e salcës së sojës dhe qepët e njoma derisa të kombinohen mirë, më pas ziejini derisa të nxehen, rreth 2 minuta.
f) Vendosni orizin, vezët, spinaqin dhe përzierjen e mishit të grirë në enët e përgatitjes së vaktit dhe zbukurojeni me qepë të gjelbër dhe fara susami, nëse dëshironi. Mbahet i mbuluar në frigorifer për 3 deri në 4 ditë.
g) Ngroheni në mikrovalë në intervale 30 sekondash derisa të nxehet.

57. Kavanoz Mason pule dhe supë ramen

PËRBËRËSIT
- 2 pako (5,6 ons) petë yakisoba në frigorifer
- 2 ½ lugë gjelle koncentrat bazë supë perimesh me natrium të reduktuar (na pëlqen më mirë se bouillon)
- 1 ½ lugë gjelle salcë soje me natrium të reduktuar
- 1 lugë gjelle uthull vere orizi
- 1 lugë gjelle xhenxhefil të sapo grirë
- 2 lugë çaji sambal oelek (pastë kili i freskët) ose më shumë për shije
- 2 lugë çaji vaj susami
- 2 gota të mbetura pule rotisserie të copëtuara
- 3 gota spinaq bebe
- 2 karota, të qëruara dhe të grira
- 1 filxhan kërpudha shiitake të prera në feta
- ½ filxhan gjethe të freskëta cilantro
- 2 qepë të njoma, të prera hollë
- 1 lugë çaji fara susami

DREJTIMET
a) Në një tenxhere të madhe me ujë të valë, gatuajeni yakisoba derisa të lirohet, 1 deri në 2 minuta; kullohet mirë.
b) Në një tas të vogël, kombinoni bazën e supës, salcën e sojës, uthullën, xhenxhefilin, sambal oelek dhe vajin e susamit.
c) Ndani përzierjen e lëngut në 4 kavanoza qelqi me grykë të gjerë me kapak ose enë të tjera rezistente ndaj nxehtësisë. Sipër shtoni yakisoba, pulë, spinaq, karrota, kërpudha, cilantro, qepë jeshile dhe fara susami. Mbulojeni dhe vendoseni në frigorifer deri në 4 ditë.
d) Për ta shërbyer, zbuloni një kavanoz dhe shtoni ujë të nxehtë sa të mbulojë përmbajtjen, rreth 1 ¼ filxhan. Vendoseni në mikrovalë, të pambuluar, derisa të nxehet, 2

deri në 3 minuta. Lëreni të qëndrojë për 5 minuta, përzieni dhe shërbejeni menjëherë.

58. Mason jar bolognese

PËRBËRËSIT

- 2 lugë vaj ulliri
- 1 kile mish viçi të bluar
- 1 kile sallam italian, zorrët e hequra
- 1 qepë, e grirë
- 4 thelpinj hudhre, te grira
- 3 kanaçe (14,5 ons) domate të prera në kubikë, të kulluara
- 2 (15 ons) kanaçe salcë domatesh
- 3 gjethe dafine
- 1 lugë çaji rigon të tharë
- 1 lugë çaji borzilok të thatë
- ½ lugë çaji trumzë e thatë
- 1 lugë çaji kripë kosher
- ½ lugë çaji piper i zi i sapo bluar
- 2 pako (16 ons) djathë mocarela me pak yndyrë, të prerë në kubikë
- 32 ons fusilli gruri integral të pagatuar, të gatuar sipas udhëzimeve të paketimit; rreth 16 gota të gatuara

DREJTIMET

a) Ngrohni vajin e ullirit në një tigan të madh mbi nxehtësinë mesatare-të lartë. Shtoni mishin e grirë, sallamin, qepën dhe hudhrën. Gatuani derisa të marrin ngjyrë kafe, 5 deri në 7 minuta, duke u kujdesur që të thërrmoni mishin e viçit dhe sallamin ndërsa gatuhet; kulloni yndyrën e tepërt.

b) Transferoni përzierjen e mishit të grirë në një tenxhere të ngadaltë 6 litra. Përzieni domatet, salcën e domates, gjethet e dafinës, rigonin, borzilokun, trumzën, kripën dhe piperin. Mbulojeni dhe ziejini në zjarr të ulët për 7 orë e 45 minuta. Hiqeni kapakun dhe kthejeni tenxheren e ngadalte ne larte. Vazhdoni të gatuani për 15 minuta, derisa salca të jetë trashur. Hidhni gjethet e dafinës dhe lëreni salcën të ftohet plotësisht.

c) Ndani salcën në 16 kavanoza qelqi me grykë të gjerë me kapak ose enë të tjera rezistente ndaj nxehtësisë. Sipër i hidhni mocarela dhe fusilli. Lëreni në frigorifer deri në 4 ditë.

d) Për ta shërbyer, vendoseni në mikrovalë, pa mbuluar, derisa të nxehet, rreth 2 minuta. Përziejini për t'u bashkuar.

59. Lazanja me kavanoz mason

PËRBËRËSIT
- 3 petë lazanja
- 1 luge vaj ulliri
- ½ kile fileto të bluar
- 1 qepë e prerë në kubikë
- 2 thelpinj hudhre, te grira
- 3 lugë pastë domate
- 1 lugë çaji erëza italiane
- 2 kanaçe (14,5 ons) domate të prera në kubikë
- 1 kungull i njomë mesatar, i grirë në rende
- 1 karotë e madhe, e grirë në rende
- 2 gota spinaq bebe të grirë
- Kripë Kosher dhe piper i zi i sapo bluar, për shije
- 1 filxhan djathë rikota të skremuar pjesërisht
- 1 filxhan djathë mocarela e grirë, e ndarë
- 2 lugë gjelle gjethe borziloku të freskët të copëtuar

DREJTIMET
a) Në një tenxhere të madhe me ujë të kripur të vluar, gatuajini makaronat sipas udhëzimeve të paketimit; kullohet mirë. Pritini çdo petë në 4 pjesë; lënë mënjanë.

b) Ngrohni vajin e ullirit në një tigan të madh ose në një furrë holandeze mbi nxehtësinë mesatare-të lartë. Shtoni fileton e bluar dhe qepën dhe gatuajeni derisa të skuqet, 3 deri në 5 minuta, duke u kujdesur që të thërrmoni viçin ndërsa gatuhet; kulloni yndyrën e tepërt.

c) Hidhni hudhrën, pastën e domates dhe erëzat italiane dhe gatuajeni derisa të ketë aromë, 1 deri në 2 minuta. Hidhni domatet, ulni zjarrin dhe ziejini derisa të trashet pak, 5 deri në 6 minuta. Përzieni kungull i njomë, karrota dhe spinaqin dhe gatuajeni, duke i përzier shpesh, derisa të zbuten, për 2 deri në 3 minuta. I rregullojmë me kripë dhe piper sipas shijes. Lëreni salcën mënjanë.

d) Në një tas të vogël, kombinoni rikotën, $\frac{1}{2}$ filxhan mocarela dhe borzilokun; I rregullojmë me kripë dhe piper sipas shijes

e) Ngrohni furrën në temperaturën 375 gradë F. Lyejeni pak me vaj 4 kavanoza qelqi me grykë të gjerë me kapak, ose enë të tjera të sigurta për furrë, ose lyeni me spërkatje që nuk ngjit.

f) Vendosni 1 copë makarona në çdo kavanoz. Ndani një të tretën e salcës në kavanoza. Përsëriteni me një shtresë të dytë makaronash dhe salcë. Sipër shtoni përzierjen e rikotës, makaronat e mbetura dhe salcën e mbetur. Spërkateni me $\frac{1}{2}$ filxhan djathë mocarela të mbetur.

g) Vendosni kavanozët në një fletë pjekjeje. Vendoseni në furrë dhe piqni derisa të flluskojë, 25 deri në 30 minuta; krejtësisht i ftohtë. Lëreni në frigorifer deri në 4 ditë.

60. Miso supë detoksike me xhenxhefil

PËRBËRËSIT
- 2 lugë çaji vaj susami të thekur
- 2 lugë çaji vaj kanola
- 3 thelpinj hudhre, te grira
- 1 lugë gjelle xhenxhefil të sapo grirë
- 6 gota lëng perimesh
- 1 fletë kombu, e prerë në copa të vogla
- 4 lugë çaji paste miso e bardhë
- 1 (3,5 ons) pako kërpudha shiitake, të prera në feta (rreth 2 gota)
- Tofu e fortë 8 ons, në kubikë
- 5 baby bok choy, të copëtuara
- ¼ filxhan qepë jeshile të prera në feta

DREJTIMET
a) Ngrohni vajin e susamit dhe vajin e kanolas në një tenxhere të madhe ose furrë holandeze mbi nxehtësinë mesatare. Shtoni hudhrën dhe xhenxhefilin dhe gatuajeni, duke i përzier shpesh, derisa të ketë aromë, 1 deri në 2 minuta. Përzieni lëngun, kombu dhe pastën miso dhe lërini të ziejnë. Mbulojeni, ulni zjarrin dhe ziejini për 10 minuta. Përziejini kërpudhat dhe gatuajeni derisa të zbuten, rreth 5 minuta.

b) Përzieni tofu dhe bok choy dhe gatuajeni derisa tofu të nxehet dhe bok choy të jetë thjesht i butë, rreth 2 minuta. Përzieni qepët e njoma. Shërbejeni menjëherë.

c) Ose, për t'u përgatitur paraprakisht, lëreni lëngun të ftohet plotësisht në fund të hapit 1. Më pas përzieni tofu, bok choy dhe qepët e njoma. Ndani në enë hermetike, mbulojeni dhe vendoseni në frigorifer deri në 3 ditë. Për t'u ngrohur, vendoseni në mikrovalë në intervale prej 30 sekondash derisa të nxehet.

61. Patate të ëmbla të mbushura

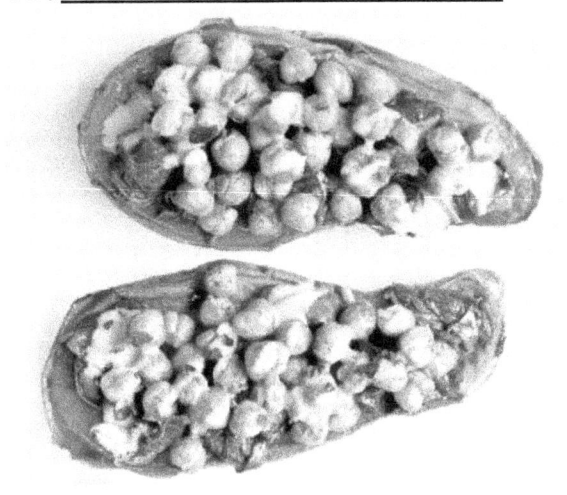

RENDIMI: 4 RERBIME
PËRBËRËSIT
- 4 patate të ëmbla mesatare

DREJTIMET
a) Ngrohni furrën në 400 gradë F. Vini një fletë pjekjeje me letër furre ose letër alumini.
b) Vendosni patatet e ëmbla në një shtresë të vetme në fletën e përgatitur për pjekje. Piqini derisa të zbuten, rreth 1 orë e 10 minuta.
c) Lëreni të pushojë derisa të ftohet mjaftueshëm për ta trajtuar.

62. Patate të mbushura me pulë koreano-amerikane

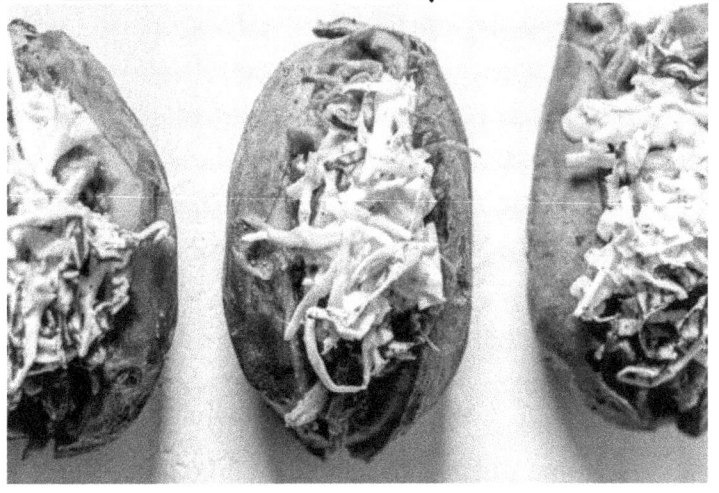

PËRBËRËSIT
- ½ filxhan uthull verë orizi të kalitur
- 1 luge sheqer
- Kripë Kosher dhe piper i zi i sapo bluar, për shije
- 1 filxhan karrota shkrepse
- 1 qepe e madhe, e prerë në feta
- ¼ lugë çaji thekon piper të kuq të grimcuar
- 2 lugë çaji vaj susami
- 1 (10 ons) pako spinaq i freskët
- 2 thelpinj hudhre, te grira
- 4 patate të ëmbla të pjekura (këtu)
- 2 gota pulë me susam me erëza koreano-amerikane (këtu)

DREJTIMET

a) Në një tenxhere të vogël, bashkoni uthullën, sheqerin, 1 lugë çaji kripë dhe ¼ filxhani ujë. Lëreni të vlojë mbi nxehtësinë mesatare. Përzieni karotat, qepujt dhe thekonet e piperit të kuq. Hiqeni nga zjarri dhe lëreni të qëndrojë për 30 minuta.

b) Ngrohni vajin e susamit në një tigan të madh mbi nxehtësinë mesatare. Përzieni spinaqin dhe hudhrën dhe gatuajeni derisa spinaqi të jetë tharë, 2 deri në 4 minuta. I rregullojmë me kripë dhe piper sipas shijes.

c) Përgjysmoni patatet për së gjati dhe i rregulloni me kripë dhe piper. Hidhni sipër përzierjen e pulës, karotave dhe spinaqit.

d) Ndani patatet e ëmbla në enë për përgatitjen e vaktit. Lëreni në frigorifer deri në 3 ditë. Ngroheni në mikrovalë në intervale 30 sekondash derisa të nxehet.

63. Patate të mbushura me lakër jeshile dhe spec të kuq

PËRBËRËSIT
- 1 luge vaj ulliri
- 2 thelpinj hudhre, te grira
- 1 qepë e ëmbël, e prerë në kubikë
- 1 lugë çaji paprika e tymosur
- 1 spec i kuq zile, i prere holle
- 1 tufë lakër kaçurrela, kërcelli i hequr dhe gjethet e prera
- Kripë Kosher dhe piper i zi i sapo bluar, për shije
- 4 patate të ëmbla të pjekura
- $\frac{1}{2}$ filxhan djathë feta të grimcuar me yndyrë të reduktuar

DREJTIMET

a) Ngrohni vajin e ullirit në një tigan të madh mbi nxehtësinë mesatare. Shtoni hudhrën dhe qepën dhe gatuajeni, duke e përzier shpesh, derisa qepa të jetë e tejdukshme, 2 deri në 3 minuta. Përzieni paprikën dhe gatuajeni derisa të marrë aromë, rreth 30 sekonda.

b) Hidhni specin zile dhe gatuajeni derisa të jetë i freskët, rreth 2 minuta. Përzieni lakër jeshile, një grusht në një kohë, dhe gatuajeni derisa të jeshile e ndezur dhe sapo të thahet, 3 deri në 4 minuta.

c) Përgjysmoni patatet dhe i rregulloni me kripë dhe piper. Hidhni sipër përzierjen e lakra jeshile dhe feta.

d) Ndani patatet e ëmbla në enë për përgatitjen e vaktit.

64. Patate të mbushura me pulë mustardë

PËRBËRËSIT

- 1 luge vaj ulliri
- 2 gota bishtaja të prera të freskëta
- 1 ½ filxhan kërpudha cremini të prera në katër pjesë
- 1 qepe e grirë
- 1 thelpi hudhër, të grirë
- 2 lugë gjelle gjethe majdanoz të freskët të grirë
- Kripë Kosher dhe piper i zi i sapo bluar, për shije
- 4 patate të ëmbla të pjekura (këtu)
- 2 gota pule mustardë me mjaltë (këtu)

DREJTIMET

a) Ngrohni vajin e ullirit në një tigan të madh mbi nxehtësinë mesatare. Shtoni bishtajat, kërpudhat dhe qepën dhe ziejini, duke i përzier shpesh, derisa bishtajat të jenë të freskëta, për 5 deri në 6 minuta. Hidhni hudhrën dhe majdanozin dhe ziejini derisa të marrin aromë, rreth 1 minutë. I rregullojmë me kripë dhe piper sipas shijes.

b) Përgjysmoni patatet për së gjati dhe i rregulloni me kripë dhe piper. Hidhni sipër përzierjen e bishtajave dhe pulën.

c) Ndani patatet e ëmbla në enë për përgatitjen e vaktit. Lëreni në frigorifer deri në 3 ditë. Ngroheni në mikrovalë në intervale 30 sekondash derisa të nxehet.

65. Fasule të zeza dhe patate të mbushura Pico de Gallo

PËRBËRËSIT
Fasule të zeza
- 1 luge vaj ulliri
- ½ qepë e ëmbël, e prerë në kubikë
- 1 thelpi hudhër, të grirë
- 1 lugë çaji djegës pluhur
- ½ lugë çaji qimnon i bluar
- 1 (15,5 ons) kanaçe fasule të zeza, të shpëlarë dhe të kulluar
- 1 lugë çaji uthull molle
- Kripë Kosher dhe piper i zi i sapo bluar, për shije

Pico de gallo
- 2 domate kumbulla, të prera në kubikë
- ½ qepë e ëmbël, e prerë në kubikë
- 1 jalapeño, me fara dhe të grirë
- 3 lugë gjelle gjethe të freskëta cilantro të copëtuara
- 1 lugë gjelle lëng gëlqereje të freskët të shtrydhur
- Kripë Kosher dhe piper i zi i sapo bluar, për shije
- 4 patate të ëmbla të pjekura (këtu)
- 1 avokado, e prerë përgjysmë, e qëruar dhe e prerë në kubikë
- ¼ filxhan salcë kosi e lehtë

DREJTIMET
a) PËR fasulet: Ngrohni vajin e ullirit në një tenxhere mesatare mbi nxehtësinë mesatare. Shtoni qepën dhe gatuajeni, duke e trazuar shpesh, derisa të jetë e tejdukshme, 2 deri në 3 minuta. Hidhni hudhrën, pluhurin djegës dhe qimnonin dhe gatuajeni derisa të ketë aromë, rreth 1 minutë.

b) Përzieni fasulet dhe ⅔ filxhan ujë. Lëreni të ziejë, ulni zjarrin dhe gatuajeni derisa të zvogëlohet, 10 deri në 15 minuta. Duke përdorur një matës patate, grijini fasulet derisa të arrihet konsistenca e lëmuar dhe e dëshiruar. Hidhni uthullën dhe rregulloni me kripë dhe piper për shije.

c) PËR PICO DE GALLO: Kombinoni domatet, qepën, jalapeño, cilantro dhe lëngun e limonit në një tas mesatar. I rregullojmë me kripë dhe piper sipas shijes.

d) Përgjysmoni patatet për së gjati dhe i rregulloni me kripë dhe piper. Sipër shtoni përzierjen e fasules së zezë dhe pico de gallo.

e) Ndani patatet e ëmbla në enë për përgatitjen e vaktit. Lëreni në frigorifer deri në 3 ditë. Ngroheni në mikrovalë në intervale 30 sekondash derisa të nxehet.

66. Petë kungull i njomë me qofte gjeldeti

PËRBËRËSIT

- gjeldeti i bluar 1 kile
- ⅓ filxhan panko
- 3 lugë gjelle parmezan të sapo grirë
- 2 te verdha veze te medha
- ¾ lugë çaji rigon të tharë
- ¾ lugë çaji borzilok të tharë
- ½ lugë çaji majdanoz i tharë
- ¼ lugë çaji pluhur hudhër
- ¼ lugë çaji thekon piper të kuq të grimcuar
- Kripë Kosher dhe piper i zi i sapo bluar, për shije
- 2 paund (3 të mesme) kunguj të njomë, të spiralizuara
- 2 lugë çaji kripë kosher
- 2 gota salcë marinara (e bërë në shtëpi ose e blerë në dyqan)
- ¼ filxhan djathë parmixhano të sapo grirë

DREJTIMET

a) Ngrohni furrën në 400 gradë F. Lyejeni pak me vaj një enë pjekjeje 9x13 inç ose lyejeni me llak që nuk ngjit.

b) Në një tas të madh, kombinoni gjelin e bluar, pankon, parmixhanin, të verdhat e vezëve, rigonin, borzilokun, majdanozin, hudhrën pluhur dhe thekon piper të kuq; I rregullojmë me kripë dhe piper. Duke përdorur një lugë druri ose duar të pastra, përzieni derisa të kombinohen mirë. Rrotulloni përzierjen në 16 deri në 20 qofte, secila prej 1 deri në 1 ½ inç në diametër.

c) Vendosni qoftet në enën e përgatitur për pjekje dhe piqini për 15 deri në 18 minuta, derisa të skuqen të gjitha dhe të gatuhen; lënë mënjanë.

d) Vendosni kungull i njomë në një kullesë mbi lavaman. Shtoni kripën dhe hidheni butësisht për t'u kombinuar; lëreni të qëndrojë për 10 minuta. Në një tenxhere të madhe me ujë të vluar, ziejini kungulleshkat për 30 sekonda deri në 1 minutë; kullohet mirë.

e) Ndani kungull i njomë në enë për përgatitjen e ushqimit. Hidhni sipër qofte, salcë marinara dhe parmixhan. Mbahet i mbuluar në frigorifer për 3 deri në 4 ditë. Ngroheni në mikrovalë, pa mbuluar, në intervale 30 sekondash derisa të nxehet.

67. Qofte të lehta

Jep rreth 18 qofte
PËRBËRËSIT

- 20 oz. (600g) gjoks gjeldeti i grirë tepër i dobët
- ½ filxhan (40 g) miell tërshërë
- 1 vezë
- 2 gota (80 gr) spinaq, i copëtuar (sipas dëshirës)
- 1 lugë çaji hudhër pluhur
- ¾ lugë çaji kripë
- ½ lugë çaji piper

DREJTIMET

a) Ngrohni furrën në 350F (180C).
b) Përziejini të gjithë **PËRBËRËSIT** në një tas.
c) Rrotulloni mishin në qofte të madhësisë së topit të golfit dhe transferojeni në një enë pjekjeje të spërkatur 9x13" (30x20 cm).
d) Piqeni për 15 minuta .

68.3-Supë me përbërës

Jep 8 racione

PËRBËRËSIT

- 2 15 oz. (425 g secila) kanaçe me fasule (une perdor nje kanaçe fasule te zeza dhe nje kanaçe fasule te bardha), te kulluara/te shpelara
- 1 15 oz. (425 g) domate të prera në kubikë
- 1 filxhan (235 mL) pulë/sup me perime kripë dhe piper për shije

DREJTIMET

a) Kombinoni të gjithë **PËRBËRËSIT** në një tenxhere mbi nxehtësinë mesatare-të lartë. Lëreni të ziejë.
b) Pasi të vlojë, mbulojeni dhe lëreni të ziejë për 25 minuta.
c) Përdorni blenderin tuaj të zhytjes (ose transferojeni në një blender/procesor normal në tufa) për të bërë pure supën në konsistencën tuaj të dëshiruar.
d) Shërbejeni të ngrohtë me kos grek si zëvendësues i salcës së kosit, djathë çedër me pak yndyrë dhe qepë jeshile!
e) Zgjat deri ne 5 dite ne frigorifer.

69. Salsa me tenxhere të ngadaltë Turqia

Jep 6 racione
PËRBËRËSIT
- 20 oz. (600g) gjoks gjeldeti i grirë tepër i dobët
- 1 15,5 oz. kavanoz (440 g) salsa
- kripë dhe piper për shije (opsionale)

DREJTIMET
a) Shtoni gjelin tuaj të grirë dhe salsën në tenxheren tuaj të ngadaltë.
b) Kthejeni nxehtësinë në të ulët. Lëreni të gatuhet për 6-8 orë, ngadalë dhe pak. Përziejini një ose dy herë gjatë gjithë kohës së gatimit. (Gatijeni në temperaturë të lartë për 4 orë nëse jeni në një kohë të vështirë).
c) Shërbejeni me salsa shtesë të ftohtë, kos grek si zëvendësues i salcës së kosit, djathë ose qepë jeshile!
d) Zgjat 5 dite ne frigorifer, ose 3-4 muaj ne ngrirje.

70. Burrito-Bowl-In-A-Jar

Jep 1 kavanoz

PËRBËRËSIT
- 2 lugë salsa
- ¼ filxhan (40 g) fasule/salsa me fasule ⅓ filxhan (60 g) oriz i gatuar/quinoa
- 3 oz. (85 gr) gjeldeti i grirë, mish pule ose proteina e preferuar e gatuar
- 2 lugë djathë çedër me pak yndyrë
- 1 ½ filxhan (60 g) marule/zarzavate
- 1 lugë kos grek ("kosi")
- ¼ avokado

DREJTIMET
a) **PËRBËRËSIT** tuaj në kavanoz.
b) Ruani për të ngrënë në një kohë të mëvonshme.
c) Kur të jeni gati për të ngrënë, derdhni kavanozin në një pjatë ose tas për ta përzier dhe për ta përpirë!
d) Zgjat 4-5 dite ne frigorifer.

DREKA E FTOHTË

71. Tasat për përgatitjen e vakteve të Carnitas

PËRBËRËSIT

- 2 ½ lugë çaji pluhur djegës
- 1 ½ lugë çaji qimnon i bluar
- 1 ½ lugë çaji rigon të tharë
- 1 lugë çaji kripë kosher, ose më shumë për shije
- ½ lugë çaji piper i zi i bluar, ose më shumë për shije
- 1 (3 kile) mish derri, yndyra e tepërt e prerë
- 4 thelpinj hudhër, të qëruara
- 1 qepë, e prerë në copa
- Lëng nga 2 portokall
- Lëng nga 2 lime
- 8 gota lakër jeshile të grirë
- 4 domate kumbulla, të grira
- 2 kanaçe fasule të zeza (15 ons), të kulluara dhe të shpëlarë
- 4 gota kokrra misri (të ngrira, të konservuara ose të pjekura)
- 2 avokado, të prera përgjysmuar, të papastër, të qëruara dhe të prera në kubikë
- 2 lime, të prera në copa

DREJTIMET

a) Në një tas të vogël, kombinoni pluhurin djegës, qimnonin, rigonin, kripën dhe piperin. Sezoni mishin e derrit me përzierjen e erëzave, duke e fërkuar tërësisht nga të gjitha anët.

b) Vendosni mishin e derrit, hudhrën, qepën, lëngun e portokallit dhe lëngun e limonit në një tenxhere të ngadaltë. Mbulojeni dhe gatuajeni në temperaturë të ulët për 8 orë, ose në temperaturë të lartë për 4 deri në 5 orë.

c) Hiqeni mishin e derrit nga tenxherja dhe grijeni mishin. E kthejmë në tenxhere dhe e hedhim me lëngjet; rregulloni me kripë dhe piper, nëse është e nevojshme. Mbulojeni dhe mbajeni të ngrohtë për 30 minuta të tjera.

d) Vendosni mishin e derrit, lakër jeshile, domatet, fasulet e zeza dhe misrin në enë për përgatitjen e vakteve. Mbahet i mbuluar në frigorifer për 3 deri në 4 ditë. Shërbejeni me avokado dhe copa lime.

72. Sallatë me hot dog të Çikagos

PËRBËRËSIT

- 2 lugë vaj ulliri ekstra të virgjër
- 1 ½ lugë mustardë të verdhë
- 1 lugë gjelle uthull vere të kuqe
- 2 lugë çaji fara lulekuqe
- ½ lugë çaji kripë selino
- Majë sheqer
- Kripë Kosher dhe piper i zi i sapo bluar, për shije
- 1 filxhan quinoa
- 4 hot dog të gjelit të detit me pak yndyrë
- 3 filxhanë lakër jeshile të grirë
- 1 filxhan domate qershi të përgjysmuara
- ⅓ filxhan qepë të bardhë të prerë në kubikë
- ¼ filxhan speca sportive
- 8 shtiza turshi të koprës

DREJTIMET

a) PËR PËRGATITJEN VINEGRETTE: Rrihni së bashku vajin e ullirit, mustardën, uthullën, farat e lulekuqes, kripën e selinos dhe sheqerin në një tas mesatar. I rregullojmë me kripë dhe piper sipas shijes. Mbulojeni dhe vendoseni në frigorifer për 3 deri në 4 ditë.

b) Gatuani quinoan sipas udhëzimeve të paketimit në një tenxhere të madhe me 2 gota ujë; lënë mënjanë.

c) Ngrohni një skarë në nivelin mesatar-të lartë. Shtoni hot dogët në skarë dhe gatuajini derisa të marrin ngjyrë kafe të artë dhe të karbonizohen lehtë nga të gjitha anët, 4 deri në 5 minuta. Lëreni të ftohet dhe priteni në copa sa një kafshatë.

d) Ndani quinoan, hot dog-ët, domatet, qepën dhe specat në enë për përgatitjen e vakteve. Ruhet në frigorifer 3 deri në 4 ditë.

e) Për ta shërbyer, derdhni salcën sipër sallatës dhe hidheni butësisht për ta kombinuar. Shërbejeni menjëherë, sipas dëshirës, të zbukuruar me shtiza turshi.

73. Tas taco peshku

PËRBËRËSIT
Salcë lime e cilantro
- 1 filxhan cilantro e paketuar lirshëm, kërcelli i hequr
- ½ filxhan kos grek
- 2 thelpinj hudhër,
- Lëng nga 1 lime
- Një majë kripë kosher
- ¼ filxhan vaj ulliri ekstra të virgjër
- 2 lugë gjelle uthull molle

Tilapia
- 3 lugë gjalpë pa kripë, të shkrirë
- 3 thelpinj hudhre, te grira
- Lëkura e grirë e 1 lime
- 2 lugë lëng gëlqereje të freskët të shtrydhur, ose më shumë për shije
- 4 fileto tilapia (4 ons).
- Kripë Kosher dhe piper i zi i sapo bluar, për shije
- ⅔ filxhan quinoa
- 2 gota lakër jeshile të grirë
- 1 filxhan lakër të kuqe të grirë
- 1 filxhan kokrra misri (të konservuar ose të pjekur)
- 2 domate kumbulla, të prera në kubikë
- ¼ filxhan patate të skuqura tortilla të grimcuara
- 2 lugë gjelle gjethe të freskëta cilantro të copëtuara

DREJTIMET
a) Për veshjen: Kombinoni cilantron, kosin, hudhrën, lëngun e limonit dhe kripën në tasin e një përpunuesi ushqimi. Me motorin në punë, shtoni vajin e ullirit dhe uthullën me një rrjedhë të ngadaltë derisa të emulsohen. Mbulojeni dhe vendoseni në frigorifer për 3 deri në 4 ditë.

b) PËR TILAPIA: Ngrohni furrën në 425 gradë F. Lyejeni pak me vaj një enë pjekjeje 9x13 inç ose lyejeni me llak që nuk ngjit.
c) Në një tas të vogël, përzieni së bashku gjalpin, hudhrën, lëkurën e limonit dhe lëngun e limonit. I rregullojmë tilapinë me kripë dhe piper dhe i vendosim në enën e përgatitur për pjekje. Spërkateni me përzierjen e gjalpit.
d) Piqni derisa peshku të skuqet lehtë me një pirun, 10 deri në 12 minuta.
e) Gatuani quinoan sipas udhëzimeve të paketimit në një tenxhere të madhe me 2 gota ujë. Lëreni të ftohet.
f) Ndani kuinoan në enë për përgatitjen e ushqimit. Sipër shtoni tilapia, lakër jeshile, lakër, misër, domate dhe patate të skuqura tortilla.
g) Për t'i shërbyer, spërkatni me salcë lime cilantro, të zbukuruar me cilantro, nëse dëshironi.

74. Korr sallatë kalli

PËRBËRËSIT
Veshje me farat e lulekuqes
- $\frac{1}{4}$ filxhan qumësht 2%.
- 3 lugë majonezë vaj ulliri
- 2 lugë kos grek
- 1 $\frac{1}{2}$ lugë sheqer, ose më shumë për shije
- 1 lugë gjelle uthull molle
- 1 lugë fara lulekuqe
- 2 lugë vaj ulliri

Sallatë
- Kungull gjalpë 16 ons, të prerë në copa 1 inç
- 16 ons lakrat e Brukselit, të përgjysmuara
- 2 degë trumzë të freskët
- 5 gjethe të freskëta të sherebelës
- Kripë Kosher dhe piper i zi i sapo bluar, për shije
- 4 vezë të mesme
- 4 feta proshutë të prera në kubikë
- 8 gota lakër jeshile të grirë
- 1 ⅓ filxhan oriz të egër të gatuar

DREJTIMET
a) PËR veshjen: Përzieni qumështin, majonezën, kosin, sheqerin, uthullën dhe farat e lulëkuqes në një tas të vogël. Mbulojeni dhe vendoseni në frigorifer deri në 3 ditë.

b) Ngrohni furrën në 400 gradë F. Lyejeni pak me vaj një fletë pjekjeje ose lyejeni me llak që nuk ngjit.

c) Në tepsi të përgatitur vendosim kungujt dhe lakrat e Brukselit. Shtoni vajin e ullirit, trumzën dhe sherebelën dhe hidhni butësisht për t'u kombinuar; I rregullojmë me kripë dhe piper. Rregulloni në një shtresë të barabartë dhe piqni, duke e kthyer një herë, për 25 deri në 30 minuta, derisa të zbuten; lënë mënjanë.

d) Ndërkohë vendosni vezët në një tenxhere të madhe dhe mbulojini me ujë të ftohtë 1 inç. Lëreni të ziejë dhe gatuajeni për 1 minutë. Mbuloni tenxheren me një kapak të ngushtë dhe hiqeni nga zjarri; lëreni të qëndrojë për 8 deri në 10 minuta. Kullojeni mirë dhe lëreni të ftohet para se ta qëroni dhe ta prisni në feta.
e) Nxehni një tigan të madh mbi nxehtësinë mesatare-të lartë. Shtoni proshutën dhe gatuajeni derisa të marrë ngjyrë kafe dhe krokante, 6 deri në 8 minuta; kulloni yndyrën e tepërt. Transferoni në një pjatë të veshur me peshqir letre; lënë mënjanë.
f) Për të mbledhur sallatat, vendoseni lakra jeshile në enë për përgatitjen e vakteve; rregulloni rreshta me kunguj, lakra brukseli, proshutë, vezë dhe oriz të egër sipër. Mbahet i mbuluar në frigorifer për 3 deri në 4 ditë. Shërbejeni me salcën e farës së lulekuqes.

75. Sallatë me lulelakër bualli

PËRBËRËSIT

- 3-4 filxhanë lulelakra me lule
- 1 15 oz. mund të qiqrat, të kulluara, të shpëlarë dhe të thahen
- 2 lugë çaji vaj avokadoje
- ½ lugë çaji piper
- ½ lugë çaji kripë deti
- ½ filxhan salcë me krahë buall
- 4 gota roma të freskëta, të copëtuara
- ½ filxhan selino, të copëtuar
- ¼ filxhan qepë të kuqe, të prerë në feta
- Veshje krem vegan Ranch:
- ½ filxhan shqeme të papërpunuara, të njomura 3-4 orë ose gjatë natës
- ½ filxhan ujë të freskët
- 2 lugë çaji kopër të thatë
- 1 lugë çaji hudhër pluhur
- 1 lugë çaji pluhur qepë
- ½ lugë çaji kripë deti
- majë piper të zi

DREJTIMET

a) Vendoseni furrën në 450°F.
b) Shtoni lulelakrën, qiqrat, vajin, piperin dhe kripën në një tas të madh dhe hidhini të lyhen.
c) Hidheni përzierjen në një fletë pjekjeje ose gur. Pjekim për 20 minuta. Hiqeni fletën e pjekjes nga furra, derdhni salcën e buallit mbi masën dhe hidheni të lyhet. Pjekim edhe 10-15 minuta të tjera ose derisa qiqrat të bëhen krokante dhe lulelakra të piqet sipas dëshirës tuaj. Hiqeni nga furra.

d) Shtoni shqeme të njomura dhe të kulluara në një blender me fuqi të lartë ose procesor ushqimi me 1/2 filxhan ujë, kopër, hudhër pluhur, pluhur qepë, kripë dhe piper. Përziejini derisa të jetë e qetë.

e) Merrni dy tasa sallate dhe shtoni 2 filxhanë romaine të copëtuar, 1/4 filxhan selino dhe 1/8 filxhan qepë në çdo tas. Sipër hidhni lulelakrën e pjekur të buallit dhe qiqrat. Lyejeni veshjen dhe shijoni!

76. Mason jar panxhar dhe lakër brukselit tas grurit

PËRBËRËSIT
- 3 panxhar mesatar (rreth 1 kile)
- 1 luge vaj ulliri
- Kripë Kosher dhe piper i zi i sapo bluar, për shije
- 1 filxhan farro
- 4 gota spinaq ose lakër jeshile
- 2 gota lakër brukseli (rreth 8 ons), të prera hollë
- 3 klementina të qëruara dhe të segmentuara
- $\frac{1}{2}$ filxhan pekan, të thekur
- $\frac{1}{2}$ filxhan kokrra shege

Honey-Dijon vinaigrette verë e kuqe
- $\frac{1}{4}$ filxhan vaj ulliri ekstra të virgjër
- 2 lugë gjelle uthull vere të kuqe
- $\frac{1}{2}$ qepe, e grirë
- 1 lugë mjaltë
- 2 lugë çaji mustardë me kokërr të plotë
- Kripë Kosher dhe piper i zi i sapo bluar, për shije

DREJTIMET
a) Ngrohni furrën në 400 gradë F. Vini një fletë pjekjeje me fletë metalike.
b) Vendosni panxharët në letër, spërkatni me vaj ulliri dhe rregulloni me kripë dhe piper. Palosni të 4 anët e fletës për të bërë një qese. Piqni derisa të zbuten, 35 deri në 45 minuta; lëreni të ftohet, rreth 30 minuta.
c) Duke përdorur një peshqir letre të pastër, fërkojeni panxharin për të hequr lëkurat; prerë në copa të madhësisë së kafshatës.
d) Gatuani faron sipas **UDHËZIMEVE TË PAKETIMIT**, më pas lëreni të ftohet.
e) Ndani panxharin në 4 kavanoza qelqi me grykë të gjerë me kapak. Sipër shtoni spinaq ose lakër jeshile, farro, lakrat e

Brukselit, klementinat, pecans dhe farat e shegës. Mbahet i mbuluar në frigorifer për 3 ose 4 ditë.

f) PËR VINEGRETTE: Rrihni së bashku vajin e ullirit, uthullën, qepujt, mjaltin, mustardën dhe 1 lugë gjelle ujë; I rregullojmë me kripë dhe piper sipas shijes. Mbulojeni dhe vendoseni në frigorifer deri në 3 ditë.

g) Për ta shërbyer, shtoni vinegrette në çdo kavanoz dhe tundeni. Shërbejeni menjëherë.

77. Sallatë me brokoli kavanoz Mason

PËRBËRËSIT

- 3 lugë qumësht 2%.
- 2 lugë majonezë vaj ulliri
- 2 lugë kos grek
- 1 lugë gjelle sheqer, ose më shumë për shije
- 2 lugë çaji uthull molle
- ½ filxhan shqeme
- ¼ filxhan boronica të thata
- ½ filxhan qepë të kuqe të prerë në kubikë
- 2 onca djathë çedër, i prerë në kubikë
- 5 gota lule brokoli të grira në mënyrë të trashë

DREJTIMET

a) PËR veshjen: Rrihni qumështin, majonezën, kosin, sheqerin dhe uthullën në një tas të vogël.

b) Ndani salcën në 4 kavanoza qelqi me grykë të gjerë me kapak. Sipër shtoni shqeme, boronicë, qepë, djathë dhe brokoli. Lëreni në frigorifer deri në 3 ditë.

c) Për ta servirur, tundni përmbajtjen e një kavanozi dhe shërbejeni menjëherë.

78. Sallatë pule me kavanoz Mason

PËRBËRËSIT
- 2 ½ filxhanë pule të mbeturinave të copëtuara
- ½ filxhan kos grek
- 2 lugë majonezë vaj ulliri
- ¼ filxhan qepë të kuqe të prerë në kubikë
- 1 kërcell selino të prerë në kubikë
- 1 lugë gjelle lëng limoni të saposhtrydhur, ose më shumë për shije
- 1 lugë çaji tarragon i freskët i copëtuar
- ½ lugë çaji mustardë Dijon
- ½ lugë çaji pluhur hudhër
- Kripë Kosher dhe piper i zi i sapo bluar, për shije
- 4 gota lakër jeshile të grirë
- 2 mollë Granny Smith, të prera dhe të prera
- ½ filxhan shqeme
- ½ filxhan boronicë të thata

DREJTIMET
a) Në një tas të madh bashkojmë pulën, kosin, majonezën, qepën e kuqe, selinon, lëngun e limonit, tarragonin, mustardën dhe hudhrën pluhur; I rregullojmë me kripë dhe piper sipas shijes.

b) Ndani përzierjen e pulës në 4 kavanoza qelqi me grykë të gjerë me kapak. Sipër shtoni lakër jeshile, mollë, shqeme dhe boronicë. Lëreni në frigorifer deri në 3 ditë.

c) Për ta servirur, tundni përmbajtjen e një kavanozi dhe shërbejeni menjëherë.

79. Kavanoz Mason Sallatë pule kineze

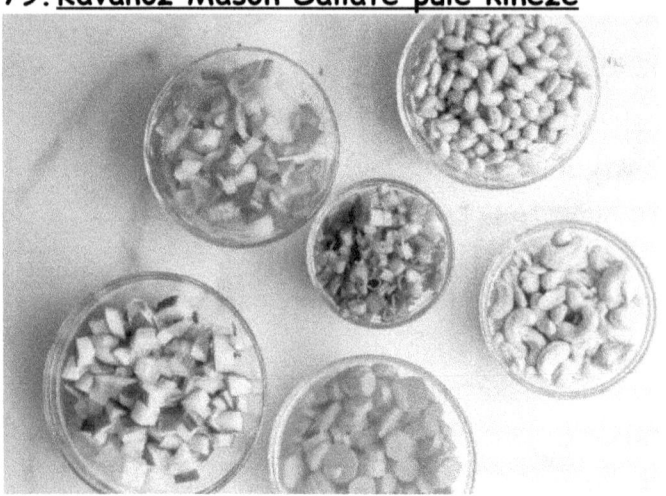

PËRBËRËSIT

- ½ filxhan uthull vere orizi
- 2 thelpinj hudhra, të shtypura
- 1 lugë gjelle vaj susami
- 1 lugë gjelle xhenxhefil të sapo grirë
- 2 lugë çaji sheqer, ose më shumë për shije
- ½ lugë çaji salcë soje me natrium të reduktuar
- 2 qepë të njoma, të prera hollë
- 1 lugë çaji fara susami
- 2 karota, të qëruara dhe të grira
- 2 gota kastravec anglez të prerë në kubikë
- 2 gota lakër të purpurt të grirë
- 12 gota lakër jeshile të copëtuar
- 1 ½ filxhan pulë rotiserie të mbetura të prera në kubikë
- 1 filxhan shirita wonton

DREJTIMET

a) PËR VINEGRETTE: Përzieni uthullën, hudhrën, vajin e susamit, xhenxhefilin, sheqerin dhe salcën e sojës në një tas të vogël. Ndani salcën në 4 kavanoza qelqi me grykë të gjerë me kapak.

b) Hidhni sipër qepët e njoma, farat e susamit, karotat, kastravecin, lakrën, lakër jeshile dhe pulën. Lëreni në frigorifer deri në 3 ditë. Ruani shiritat wonton veçmas.

c) Për ta shërbyer, tundni përmbajtjen e një kavanozi dhe shtoni shiritat wonton. Shërbejeni menjëherë.

80. Sallatë Niçoise kavanoz Mason

PËRBËRËSIT

- 2 vezë të mesme
- 2 ½ filxhan bishtaja të përgjysmuara
- 3 (7 ons) kanaçe ton albacore të paketuara në ujë, të kulluara dhe të shpëlarë
- ¼ filxhan vaj ulliri ekstra të virgjër
- 2 lugë gjelle uthull vere të kuqe
- 2 lugë qepë të kuqe të prera në kubikë
- 2 lugë gjelle gjethe majdanoz të freskët të grirë
- 1 lugë gjelle gjethe të freskëta tarragon të copëtuara
- 1 ½ lugë çaji mustardë Dijon
- Kripë Kosher dhe piper i zi i sapo bluar, për shije
- 1 filxhan domate qershi të përgjysmuara
- 4 filxhanë marule gjalpë të grisura
- 3 gota gjethe rukole
- 12 ullinj kalamata
- 1 limon, i prerë në copa (opsionale)

DREJTIMET

a) Vendosni vezët në një tenxhere të madhe dhe mbulojini me ujë të ftohtë për 1 inç. Lëreni të ziejë dhe gatuajeni për 1 minutë. Mbuloni tenxheren me një kapak të ngushtë dhe hiqeni nga zjarri; lëreni të qëndrojë për 8 deri në 10 minuta.

b) Ndërkohë, në një tenxhere të madhe me ujë të kripur të vluar, zbardhni bishtajat deri në ngjyrë të gjelbër të çelur, rreth 2 minuta. Kullojeni dhe ftoheni në një enë me ujë akull. Kullojini mirë. Kulloni vezët dhe lërini të ftohen para se t'i qëroni dhe t'i prisni përgjysmë për së gjati.

c) Në një tas të madh, kombinoni tonin, vajin e ullirit, uthullën, qepën, majdanozin, tarragonin dhe Dijonin derisa të kombinohen; I rregullojmë me kripë dhe piper sipas shijes.

d) Ndani përzierjen e tonit në 4 kavanoza qelqi me grykë të gjerë me kapak. Hidhni sipër bishtajat, vezët, domatet, sallatat me gjalpë, rukolën dhe ullinjtë. Lëreni në frigorifer deri në 3 ditë.
e) Për ta shërbyer, tundni përmbajtjen e një kavanozi. Shërbejeni menjëherë, nëse dëshironi me copa limoni.

81. Tasa pikante me ton

PËRBËRËSIT
- 1 filxhan oriz kafe me kokërr të gjatë
- 3 lugë majonezë vaj ulliri
- 3 lugë kos grek
- 1 lugë gjelle salcë sriracha, ose më shumë për shije
- 1 lugë gjelle lëng limoni
- 2 lugë çaji salcë soje me natrium të reduktuar
- 2 (5 ons) kanaçe ton albacore, të kulluara dhe të shpëlarë
- Kripë Kosher dhe piper i zi i sapo bluar, për shije
- 2 gota lakër jeshile të grirë
- 1 lugë gjelle fara susami të thekur
- 2 lugë çaji vaj susami të thekur
- 1 ½ filxhan kastravec anglez të prerë në kubikë
- ½ filxhan xhenxhefil turshi
- 3 qepë të njoma, të prera hollë
- ½ filxhan nori i pjekur i grirë

DREJTIMET
a) Gatuani orizin sipas udhëzimeve të paketimit në 2 gota ujë në një tenxhere të mesme; lënë mënjanë.

b) Në një tas të vogël, përzieni majonezën, kosin, sriracha, lëngun e limonit dhe salcën e sojës. Hidhni 2 lugë gjelle nga përzierja e majonezës në një tas të dytë, mbulojeni dhe vendoseni në frigorifer. Përzieni tonin në përzierjen e mbetur të majonezës dhe hidheni butësisht për t'u kombinuar; I rregullojmë me kripë dhe piper sipas shijes.

c) Në një tas mesatar, kombinoni lakër jeshile, farat e susamit dhe vajin e susamit; I rregullojmë me kripë dhe piper sipas shijes.

d) Ndani orizin në enë për përgatitjen e ushqimit. Sipër shtoni përzierjen e tonit, përzierjen e lakra jeshile, kastravecin, xhenxhefilin, qepët e njoma dhe nori. Lëreni në frigorifer deri në 3 ditë.

e) Për ta shërbyer, spërkateni me përzierjen e majonezës.

82. Sallatë me biftek

Vinegrette balsamike
- 3 lugë vaj ulliri ekstra të virgjër
- 4 ½ lugë çaji uthull balsamike
- 1 thelpi hudhër, e shtypur
- 1 ½ lugë çaji thekon majdanoz të tharë
- ¼ lugë çaji borzilok të tharë
- ¼ lugë çaji rigon të tharë

Sallatë
- 4 vezë të mesme
- 1 lugë gjelle gjalpë pa kripë
- Biftek 12 ons
- 2 lugë çaji vaj ulliri
- Kripë Kosher dhe piper i zi i sapo bluar, për shije
- 8 gota spinaq bebe
- 2 gota domate qershi, të përgjysmuara
- ½ filxhan gjysma të pekanit
- ½ filxhan djathë feta të grimcuar me yndyrë të reduktuar

DREJTIMET

a) PËR VINEGRETIN BALSAMIK: Rrihni së bashku vajin e ullirit, uthullën balsamike, sheqerin, hudhrën, majdanozin, borzilokun, rigonin dhe mustardën (nëse përdorni) në një tas mesatar. Mbulojeni dhe vendoseni në frigorifer deri në 3 ditë.

b) Vendosni vezët në një tenxhere të madhe dhe mbulojini me ujë të ftohtë për 1 inç. Lëreni të ziejë dhe gatuajeni për 1 minutë. Mbuloni tenxheren me një kapak të ngushtë dhe hiqeni nga zjarri; lëreni të qëndrojë për 8 deri në 10 minuta. Kullojeni mirë dhe lëreni të ftohet para se ta qëroni dhe ta prisni në feta.

c) Shkrini gjalpin në një tigan të madh mbi nxehtësinë mesatare-të lartë. Duke përdorur peshqirë letre, thajini të dyja anët e biftekit. Spërkateni me vaj ulliri dhe rregulloni me kripë dhe piper. Shtoni biftekin në tigan dhe gatuajeni, duke e rrokullisur një herë, derisa të gatuhet në masën e dëshiruar, 3 deri në 4 minuta për anë, për të rralla. Lëreni të pushojë 10 minuta përpara se ta prisni në copa të vogla.

d) Për të mbledhur sallatat, vendosni spinaqin në enë për gatimin e vaktit; sipër me rreshta të rregulluara biftek, vezë, domate, pecans dhe feta. Mbulojeni dhe vendoseni në frigorifer deri në 3 ditë. Shërbejeni me vinegrette balsamike ose dressing të dëshiruar.

83. Tasa ushqyese me patate të ëmbla

PËRBËRËSIT

- 2 patate të ëmbla mesatare, të qëruara dhe të prera në copa 1 inç
- 3 lugë vaj ulliri ekstra të virgjër, të ndara
- ½ lugë çaji paprika e tymosur
- Kripë Kosher dhe piper i zi i sapo bluar, për shije
- 1 filxhan farro
- 1 tufë kale lacinato, e grirë
- 1 lugë gjelle lëng limoni të saposhtrydhur
- 1 filxhan lakër të kuqe të grirë
- 1 filxhan domate qershi të përgjysmuara
- ¾ filxhan Fasule Crispy Garbanzo
- 2 avokado, të përgjysmuara, të papastërta dhe të qëruara

DREJTIMET

a) Ngroheni furrën në 400 gradë F. Vini një fletë pjekjeje me letër furre.

b) Vendosni patatet e ëmbla në fletën e përgatitur për pjekje. Shtoni 1 ½ lugë gjelle vaj ulliri dhe paprika, rregulloni me kripë dhe piper dhe hidheni butësisht për t'u përzier. Rregulloni në një shtresë të vetme dhe piqini për 20 deri në 25 minuta, duke e kthyer një herë, derisa të shpohen lehtësisht me një pirun.

c) Gatuani farro sipas udhëzimeve të paketimit; lënë mënjanë.

d) Kombinoni lakra jeshile, lëngun e limonit dhe 1 ½ lugë gjelle vaj ulliri të mbetur në një tas mesatar. Masazhoni lakër jeshile derisa të kombinohet mirë dhe e rregulloni me kripë dhe piper për shije.

e) Ndani farron në enë për përgatitjen e ushqimit. Sipër shtoni patate të ëmbla, lakër, domate dhe garbanzo krokante. Lëreni në frigorifer deri në 3 ditë. Shërbejeni me avokadon.

84. Tasa buda me pulë tajlandeze

PËRBËRËSIT
Salcë pikante kikiriku
- 3 lugë gjalpë kikiriku kremoz
- 2 lugë gjelle lëng limoni të freskët të shtrydhur
- 1 lugë gjelle salcë soje me natrium të reduktuar
- 2 lugë çaji sheqer kafe të errët
- 2 lugë çaji sambal oelek (pastë kili i freskët)

Sallatë
- 1 filxhan farro
- ¼ filxhan lëng pule
- 1 ½ lugë gjelle sambal oelek (pastë kili i freskët i bluar)
- 1 lugë gjelle sheqer kafe të hapur
- 1 lugë gjelle lëng gëlqereje të freskët të shtrydhur
- 1 kile gjoks pule pa kocka, pa lëkurë, të prera në copa 1 inç
- 1 lugë niseshte misri
- 1 lugë gjelle salcë peshku
- 1 luge vaj ulliri
- 2 thelpinj hudhre, te grira
- 1 qepe e grirë
- 1 lugë gjelle xhenxhefil të sapo grirë
- Kripë Kosher dhe piper i zi i sapo bluar, për shije
- 2 gota lakër jeshile të grirë
- 1 ½ filxhan lakër të purpurt të grirë
- 1 filxhan lakër fasule
- 2 karota, të qëruara dhe të grira
- ½ filxhan gjethe të freskëta cilantro
- ¼ filxhan kikirikë të pjekur

DREJTIMET
a) PËR SALLS KIKIRIKËT: Përzieni së bashku gjalpin e kikirikut, lëngun e limonit, salcën e sojës, sheqerin kaf, sambal oelek dhe 2 deri në 3 lugë ujë në një tas të vogël. Mbulojeni dhe vendoseni në frigorifer deri në 3 ditë.

b) Gatuani farro sipas udhëzimeve të paketimit; lënë mënjanë.
c) Ndërsa zihet fara, në një tas të vogël, përzieni lëngun, sambal oelek, sheqerin kaf dhe lëngun e limonit; lënë mënjanë.
d) Në një tas të madh, kombinoni mishin e pulës, niseshtenë e misrit dhe salcën e peshkut, hidheni në shtresë dhe lëreni pulën të thithë niseshtenë e misrit për disa minuta.
e) Ngrohni vajin e ullirit në një tigan të madh mbi nxehtësinë mesatare. Shtoni pulën dhe gatuajeni derisa të marrë ngjyrë të artë, 3 deri në 5 minuta. Shtoni hudhrën, qepën dhe xhenxhefilin dhe vazhdoni të gatuani, duke e përzier shpesh, derisa të ketë aromë, rreth 2 minuta. Përzieni masën e lëngut dhe gatuajeni derisa të trashet pak, rreth 1 minutë. I rregullojmë me kripë dhe piper sipas shijes.
f) Ndani farron në enë për përgatitjen e ushqimit. Sipër shtoni pulën, lakër jeshile, lakër, lakër fasule, karrota, cilantro dhe kikirikë. Mbahet i mbuluar në frigorifer për 3 deri në 4 ditë. Shërbejeni me salcën pikante të kikirikut.

85. Mbulesa pule me kikirikë tajlandeze

PËRBËRËSIT
Salcë kikiriku me kerri kokosi
- ¼ filxhan qumësht kokosi i lehtë
- 3 lugë gjalpë kikiriku kremoz
- 1 ½ lugë gjelle uthull verë orizi të kalitur
- 1 lugë gjelle salcë soje me natrium të reduktuar
- 2 lugë çaji sheqer kafe të errët
- 1 lugë çaji salcë me hudhër djegës
- ¼ lugë çaji pluhur kari të verdhë

Mbështillni
- 2 ½ gota të mbetura rotisserie pule të prera në kubikë
- 2 gota lakër Napa të grirë
- 1 filxhan piper i kuq i prerë hollë
- 2 karota të qëruara dhe të prera në shkrepse
- 1 ½ lugë gjelle lëng gëlqereje të freskët të shtrydhur
- 1 lugë majonezë vaj ulliri
- Kripë Kosher dhe piper i zi i sapo bluar, për shije
- 3 ons krem djathi me yndyrë të reduktuar, në temperaturë dhome
- 1 lugë çaji xhenxhefil të sapo grirë
- 4 (8 inç) mbështjellje tortilla me domate të thara në diell

DREJTIMET
a) PËR SALLSËN E KIRIT TË KOKOSIT: Përzieni qumështin e arrës së kokosit, gjalpin e kikirikut, uthullën e verës së orizit, salcën e sojës, sheqerin kaf, salcën e hudhrës djegës dhe pluhurin e kerit në një tas të vogël. Lërini mënjanë 3 lugë gjelle për pulën; ftohni pjesën e mbetur derisa të jetë gati për ta shërbyer.

b) Në një tas të madh, bashkoni pulën dhe 3 lugë salcë kikiriku dhe hidhini derisa të mbulohen.

c) Në një tas mesatar, kombinoni lakrën, piperin, karotat, lëngun e limonit dhe majonezën; I rregullojmë me kripë dhe piper sipas shijes.
d) Në një tas të vogël bashkoni kremin e djathit dhe xhenxhefilin; I rregullojmë me kripë dhe piper sipas shijes.
e) Përhapeni përzierjen e djathit krem në mënyrë të barabartë mbi tortillat, duke lënë një kufi prej 1 inç. Hidhni sipër përzierjen e pulës dhe lakrës. Palosni anët me rreth 1 inç, më pas rrotullojeni fort nga fundi. Mbahet i mbuluar në frigorifer për 3 deri në 4 ditë. Shërbejeni çdo mbështjellës me salcë kikiriku me kerri kokosi.

86. Rrota me spinaq gjeldeti

PËRBËRËSIT
- 1 fetë djathë çedër
- 2 ons gjoks gjeldeti të prerë hollë
- ½ filxhan bebe spinaq
- 1 (8 inç) tortilla me spinaq
- 6 karota bebe
- ¼ filxhan rrush
- 5 feta kastraveci

DREJTIMET
a) Vendosni djathin, gjelin e detit dhe spinaqin në qendër të tortillas. Sillni skajin e poshtëm të tortillas fort mbi spinaq dhe paloseni në anët. Rrotulloni derisa të arrihet maja e tortillas. Pritini në 6 rrota.

b) Vendosni rrotat, karotat, rrushin dhe fetat e kastravecit në një enë për përgatitjen e vaktit. Mbahet i mbuluar në frigorifer për 2 deri në 3 ditë.

87. Sallatë taco me gjeldeti

PËRBËRËSIT

- 1 luge vaj ulliri
- 1 ½ paund gjeldeti i bluar
- 1 (1,25 ons) paketë erëza tako
- 8 gota marule rome të grira
- ½ filxhan pico de gallo (e bërë në shtëpi ose e blerë në dyqan)
- ½ filxhan kos grek
- ½ filxhan përzierje djathi meksikan të grirë
- 1 gëlqere, e prerë në copa

DREJTIMET

a) Ngrohni vajin e ullirit në një tigan të madh mbi nxehtësinë mesatare-të lartë. Shtoni gjelin e bluar dhe gatuajeni derisa të skuqet, 3 deri në 5 minuta, duke u kujdesur që të thërrmoni mishin ndërsa gatuhet; Përziejeni erëzën taco. Kulloni yndyrën e tepërt.

b) Vendosni marulen rome në qese sanduiç. Vendosni pico de gallo, kosin dhe djathin në gota të veçanta Jell-O-shot 2 ons me kapak. Vendosini të gjitha - gjelin e detit, romën, pico de gallo, kosin, djathin dhe copat e gëlqeres - në enët e përgatitjes së vakteve.

88. Sallatë kavanoz shumë jeshile

PËRBËRËSIT

- ¾ filxhan elb perla
- 1 filxhan gjethe borziloku të freskët
- ¾ filxhan kos grek 2%.
- 2 qepë të njoma, të grira
- 1 ½ lugë gjelle lëng gëlqereje të freskët të shtrydhur
- 1 thelpi hudhër, të qëruar
- Kripë Kosher dhe piper i zi i sapo bluar, për shije
- ½ kastravec anglez, i prerë në mënyrë të trashë
- 1 paund (4 të vogla) kunguj të njomë, të spiralizuara
- 4 gota lakër jeshile të grirë
- 1 filxhan bizele jeshile të ngrira, të shkrira
- ½ filxhan djathë feta të grimcuar me yndyrë të reduktuar
- ½ filxhan bizele
- 1 gëlqere, e prerë në copa (opsionale)

DREJTIMET

a) Gatuani elbin sipas udhëzimeve të paketimit; lëreni të ftohet plotësisht dhe lëreni mënjanë.

b) Për të bërë salcën, kombinoni borzilokun, kosin, qepët e njoma, lëngun e limonit dhe hudhrën në tasin e një përpunuesi ushqimi dhe i rregulloni me kripë dhe piper. Pulsoni derisa të jetë e qetë, rreth 30 sekonda deri në 1 minutë.

c) Ndani salcën në 4 kavanoza qelqi me grykë të gjerë me kapak. Sipër hidhni kastravec, petë me kungull i njomë, elb, lakër jeshile, bizele, feta dhe bizele. Lëreni në frigorifer deri në 3 ditë.

d) Për ta shërbyer, tundni përmbajtjen në një kavanoz. Shërbejeni menjëherë, sipas dëshirës me feta gëlqereje.

89. Kungull i njomë kungull i njomë

PËRBËRËSIT

- 3 lugë gjalpë kikiriku kremoz
- 2 lugë gjelle lëng limoni të freskët të shtrydhur
- 1 lugë gjelle salcë soje me natrium të reduktuar
- 2 lugë çaji sheqer kafe të errët
- 2 lugë çaji sambal oelek (pastë kili i freskët)
- 1 kile karkaleca të mesme, të qëruara dhe të deveinuara
- 4 kunguj të njomë të mesëm, të spiralizuara
- 2 karota të mëdha, të qëruara dhe të grira
- 2 gota lakër të purpurt të grirë
- ⅓ filxhan gjethe të freskëta cilantro
- ⅓ filxhan gjethe borziloku
- ¼ filxhan gjethe nenexhiku
- ¼ filxhan kikirikë të pjekur të copëtuar

DREJTIMET

a) PËR SALLS KIKIRIKËT: Përzieni së bashku gjalpin e kikirikut, lëngun e limonit, salcën e sojës, sheqerin kaf, sambal oelek dhe 2 deri në 3 lugë ujë në një tas të vogël. Lëreni në frigorifer deri në 3 ditë, derisa të jeni gati për t'u shërbyer.

b) Në një tenxhere të madhe me ujë të kripur të vluar, gatuajini karkalecat derisa të marrin ngjyrë rozë, rreth 3 minuta. Kullojeni dhe ftoheni në një enë me ujë akull. Kullojini mirë.

c) Ndani kungull i njomë në enë për përgatitjen e ushqimit. Sipër shtoni karkaleca, karota, lakër, cilantro, borzilok, nenexhik dhe kikirikë. Mbahet i mbuluar në frigorifer për 3 deri në 4 ditë. Shërbejeni me salcën pikante të kikirikut.

SALATATË

90. Perime djegëse-lime

SERBIMET: 2
KOHA TOTALE PËR PËRGATITJE: 25 minuta

PËRBËRËSIT :
- 1 copë xhenxhefil
- 1 thelpi hudhër
- 1 tufë Bok Choi, e prerë në feta
- Lakër fasule
- 1 karotë, e prerë në shkopinj shkrepse
- 1 lugë çaji bujoni me perime
- 5 qepë të pranverës
- 1 spec i prerë në kubikë
- 1/2 kungull i njomë, i prerë në kubikë
- 4 lule brokoli
- Një grusht bizele me sheqer
- Petë soba

Veshja:
- 1 djegës i kuq
- Një grusht i madh koriandër
- Lëng nga 1 lime

UDHËZIME:
a) Kombinoni djegësin, gjethet e koriandrit dhe lëngun e limonit në një shtypës dhe llaç. Lejoni injektimin anash.
b) Pritini edhe lulet e brokolit në copa të vogla. Duam ta bëjmë ushqimin të prerë hollë në mënyrë që të gatuhet shpejt.
c) Përgatitni lëngun me 50 ml ujë dhe vendoseni të vlojë në një tigan. Pas një minute zierje në avull, shtoni perimet e tjera dhe hudhrën dhe xhenxhefilin.
d) Pas skuqjes në avull për tre minuta.

e) Shërbejeni pulën në një shtrat me petë soba.
f) Shërbejeni sipër me një salcë djegës-lime.

91. Makarona limoni me brokoli dhe kungull i njomë

SERBIMET: 2
KOHA TOTALE PËR PËRGATITJE: 10 minuta

PËRBËRËSIT :
- 1 kokë brokoli
- grusht bizele
- 2 thelpinj hudhre
- 2 racione makarona spelte, të ziera
- 1 kungull i njomë
- 1 lugë çaji vaj kokosi
- 1 domate
- Hidhni kripë Himalayan dhe piper të zi për shije
- 1/2 qepë të kuqe
- Lëng nga 1 limon
- 2 tufa raketash
- Hidh vaj ulliri

UDHËZIME:
a) Në vaj kokosi kaurdisni brokolin, bizelet, hudhrën, qepën e kuqe dhe kungullin.
b) Hidhni makaronat së bashku me domatet dhe raketën e copëtuar, dhe lëngun e limonit.

92. Patëllxhan, patate dhe qiqra

SERBIMET: 2
KOHA TOTALE PËR PËRGATITJE: 10 minuta

PËRBËRËSIT :
- 1 qepë e qëruar dhe e prerë hollë
- 1 lugë çaji koriandër
- 1 patëllxhan
- 1 patate
- 2 lugë vaj kokosi
- 1/2 lugë çaji qimnon
- 1 kanaçe qiqra
- 1/4 lugë çaji shafran i Indisë
- Koriandër i freskët

Salca:
- 1 qepë e qëruar dhe e prerë hollë
- 2 lugë çaji xhenxhefil, të qëruar dhe të grirë
- 6 karafil të tërë
- 450 g domate kumbulle
- 1/4 lugë çaji shafran i Indisë
- 2 lugë vaj kokosi
- 3 thelpinj hudhre, te shtypura
- 1/2 lugë çaji koriandër të bluar
- 1/2 lugë çaji qimnon i bluar
- 1 1/2 lugë çaji kripë
- 1 lugë çaji pluhur djegës i kuq, për shije

UDHËZIME:
a) Kaurdisni qepën dhe farat e qimnonit për 3 minuta.
b) Shtoni pataten, patëllxhanin, qiqrat, korianderin e bluar, qimnonin dhe shafranin e Indisë.

c) Gatuani qepën, hudhrën, xhenxhefilin dhe karafilin për gjashtëdhjetë sekonda dhe më pas shtoni domatet e copëtuara, shafranin e Indisë dhe erëza të tjera.
d) Përziejini salcat me një blender dore derisa të përzihen përafërsisht. Pas kësaj, shtoni perimet, korianderin, ujin, kripën dhe piperin sipas shijes.
e) Përfundoni me një spërkatje me koriandër të freskët dhe shërbejeni.

93. Salcë lakër jeshile dhe kremoze

SERBIMET: 2
KOHA TOTALE PËR PËRGATITJE: 15 minuta

PËRBËRËSIT :
- 1/3 filxhan fara susami
- 1 piper zile
- 1/3 filxhan fara luledielli
- 1 qepë e kuqe
- 1 tufë lakër jeshile
- 4 gota lakër të kuqe, të grira
- 1 copë xhenxhefil me rrënjë
- Koriandër i freskët
- 1 Shërbyer salcë shqeme

UDHËZIME:
a) I përziejmë të gjithë përbërësit.

94. Bruksel, karrota dhe zarzavate

SERBIMET: 2
KOHA TOTALE PËR PËRGATITJE: 15 minuta

PËRBËRËSIT :
- 1 brokoli
- 2 karota, të prera hollë
- 6 lakra brukseli
- 2 thelpinj hudhre
- 1 lugë çaji fara qimnon
- 1/2 limon
- Qëroni 1 limon vaj ulliri

UDHËZIME:
a) Ziejini të gjitha perimet në avull për 5-8 minuta në zjarr të ulët.
b) Skuqni hudhrën me farat e qimnonit, lëkurën e limonit, 1/2 lëng limoni dhe vaj ulliri.
c) Shtoni karotën dhe lakrat e Brukselit.

95. Brokoli Fry lulelakër

SERBIMET: 2
KOHA TOTALE PËR PËRGATITJE: 20 minuta

PËRBËRËSIT :
- 4 lule brokoli
- 4 lulelakër lulesh
- 1 piper
- Një grusht filizash të ndryshëm
- 3 qepë të pranverës
- 1 thelpi hudhër, Amino të lëngshme të copëtuara
- Oriz i egër/kaf

UDHËZIME:
a) Gatuani orizin në një lëng perimesh pa maja.
b) Skuqini hudhrën dhe qepën në një tenxhere me avull për tre minuta.
c) Hidhni përbërësit e mbetur dhe ziejini edhe për disa minuta.

96. Pasta me shparg dhe kungull i njomë

SERBIMET: 4
KOHA TOTALE PËR PËRGATITJE: 20 minuta

PËRBËRËSIT :
- 4 domate të prera në kubikë
- 1 kungull i njomë
- 1/2 qepë e kuqe, e prerë në kubikë
- 1 tufë asparagus, të ziera në avull
- 200 g raketë
- 12 gjethe borziloku
- 2 thelpinj hudhre
- 4 racione makarona spelte, të ziera
- Vaj ulliri

UDHËZIME:
a) Bashkoni qepën dhe domatet me grushta raketë dhe shpargu dhe lërini mënjanë.
b) Përziejini përbërësit e mbetur derisa të formohet një salcë e lëmuar, jeshile e lehtë.
c) I hedhim makaronat me salcën, i ndajmë në tasa dhe sipër i hedhim domatet, qepën e kuqe, shpargujt dhe raketën.

97. Domate të mbushura me perime

SERBIMET: 2
KOHA TOTALE PËR PËRGATITJE: 30 minuta

PËRBËRËSIT :
- 1 lugë gjelle vaj të shtypur të ftohtë
- 2 domate
- Gjysma e një patëllxhani të vogël
- 1 qepë
- 1/3 e kungujve
- 1-2 thelpinj hudhër
- Një majë kripë deti dhe piper
- 1 tufë gjethe spinaqi të freskët

UDHËZIME:
a) Ngroheni furrën në 160 gradë Celsius (325 gradë Fahrenheit).
b) Kombinoni perimet me spinaqin, kripën dhe piperin, më pas i spërkatni me vaj.
c) Pas kësaj, vendosni domatet sipër dhe hiqni qendrën. Bashkoni pjesën e mesme me pjesën tjetër të masës dhe përzieni mirë.
d) Tani duhet të vendosni me kujdes gjithçka përsëri në domate.
e) Vendosini domatet në një tigan të madh me rreth 80 ml ujë dhe mbulojini me kapak pasi të jeni të sigurt se nuk ka asgjë tjetër që mund të futet në to.
f) Piqeni për 18 minuta.

98. Ratatouille patëllxhani

SERBIMET: 4
KOHA TOTALE PËR PËRGATITJE: 30 minuta

PËRBËRËSIT :
- 2 tufa me spinaq bebe
- 3 patëllxhanë, të prera në feta
- 6 ullinj të zinj pa kokrra
- 3 kunguj të njomë, të prera në feta
- 2 speca të kuq
- 5 domate të prera në kubikë
- 3 lugë çaji gjethe trumze
- 2 thelpinj hudhre
- Gjethet e borzilokut
- Farat e koriandrit
- Hidhni vaj ulliri ekstra të virgjër
- Hidhni kripë Himalaje & piper të zi

UDHËZIME:
a) I heqim lëkurat dhe i presim në kubikë kungujt dhe patëllxhanët që të përputhen.
b) Në një tigan ngrohni pak vaj ulliri ose kokosi dhe kaurdisni ngadalë një llambë hudhre.
c) E vendosim patëllxhanin në një sitë dhe e shtypim me pecetë kuzhine që të largohet vaji i tepërt pasi të jetë gatuar përnjëherë.
d) Ngroheni më shumë vaj, më pas shtoni kungullin dhe hudhrën tjetër.
e) Kombinoni përbërësit e mbetur në një tigan të madh dhe ngrohni për 3 minuta.

99. Kërpudha & spinaq

SERBIMET: 2
KOHA TOTALE E PËRGATITJES: 15 minuta
KOHA TOTALE E GATIMIT: 15 minuta

PËRBËRËSIT:
- 1 lugë çaji vaj kokosi
- 5-6 kërpudha të prera në feta
- 2 lugë vaj ulliri
- ½ qepë e kuqe, e prerë në feta
- 1 thelpi hudhër, e grirë
- ½ lugë çaji lëvore limoni të freskët, të grirë hollë
- ¼ filxhan domate qershi, të prera në feta
- Majë arrëmyshk bluar
- 3 gota spinaq të freskët, të grirë
- ½ lugë gjelle lëng limoni të freskët
- Majë kripë
- Hidhni piper të zi të bluar

UDHËZIME:
a) Ngrohni vajin e kokosit dhe skuqni kërpudhat për rreth 4 minuta.
b) Ngrohni vajin e ullirit dhe ziejini qepën për rreth 3 minuta.
c) Shtoni hudhrën, lëkurën e limonit dhe domatet, kripën dhe piperin e zi dhe gatuajeni për rreth 2-3 minuta, duke i shtypur lehtë domatet me një shpatull.
d) Ziejini për rreth 2-3 minuta pasi të keni shtuar spinaqin.
e) Përzieni kërpudhat dhe lëngun e limonit dhe hiqini nga zjarri.

100. Piper i zi Spinaq agrume

SERBIMET: 4
KOHA TOTALE E PËRGATITJES: 10 minuta
KOHA TOTALE PËR GATIM: 7 minuta

PËRBËRËSIT:
- 2 lugë vaj ulliri (ekstra i virgjër)
- 2 thelpinj hudhre, te shtypura
- Lëng i 1 portokalli
- lëkura e 1 portokalli
- 3 gota spinaq të freskët për bebe
- 1 lugë çaji kripë deti
- $\frac{1}{8}$ lugë çaji piper i zi, i sapo bluar

UDHËZIME:
a) Ngrohni vajin e ullirit në një tigan në zjarr të fortë derisa të fillojë të ziejë.
b) Gatuani, duke e përzier periodikisht, për 3 minuta pasi shtoni spinaqin dhe hudhrën.
c) Shtoni lëngun e portokallit, lëkurën e portokallit, kripën dhe piperin.
d) Gatuani, duke e përzier vazhdimisht derisa lëngjet të avullojnë, rreth 4 minuta.

PËRFUNDIM

Ka kaq shumë pjata të shijshme rajonale në të gjithë Korenë dhe Amerikën, secila prej tyre një haraç për bujarinë e tokës dhe detit përreth. Nga petët pikante dhe zierjet që ngjiten me brinjë deri te barku i shijshëm i derrit dhe shumë banchan, do të gjeni pjata dhe tasa të mbushura me oriz, perime, ushqim deti dhe gjithçka të fermentuar. Nëse jeni i ri në gatimin koreano-amerikan dhe kërkoni një vend për të filluar, ne ju rekomandojmë këto receta. Disa janë autentike dhe të tjera janë të frymëzuara, por të gjithë kanë një gjë të përbashkët: besimin e përhapur se kur hani mirë, jeni mirë.